PARA tí ... eres UN

TESORO   PALABRAS

Espera

De este LiBRO Te enseñen

los HERMOSOS MiSTERios

Del ALMA Y A cuidarla.

17/4/2019.

Dra. Judith Huerta de Campos

TU ALMA
TE NECESITA

© Judith Huerta de Campos, 2016

TU ALMA TE NECESITA
1ra edición, 2016

Fotografía de portada y contraportada: Gonzálo Vivas
Dirección de Arte: Guadalupe Vivas
Corrección de estilo: Claudia Cardozo
Ilustraciones: Yreany Mata
Editado por: Carlos Cardozo

2da edición, 2018
Revisión, Edición y Diagramación: José Luis Altet

ISBN: 978-1985035225

Impreso en los Estados Unidos de América por CreateSpace

Febrero 2018

ÍNDICE

AGRADECIMIENTOS 7

PRÓLOGO 11

INTRODUCCIÓN 15

LOS CÓDIGOS DEL ALMA 19

MIS INICIOS 29

LILIA, MI MAESTRA 37

MI PADRE, UN GRAN COMPAÑERO 45

BIENVENIDA, MI ÁNGEL SIN ALAS 51

MI ALMA GEMELA 67

LA COMANDANTE DEL ALMA 77

SAMUEL Y MI PRUEBA DE VIDA 89

MI ALMA Y LA ENFERMEDAD 95

MI ALMA SOY YO 99

EL VIAJE DEL ALMA A SU VERDADERO HOGAR 105

LAS ENFERMEDADES DEL ALMA 123

EL DESCUIDO DEL ALMA 135

EL ARRULLO DEL ALMA 145

CARTA DE AMOR AL LECTOR....................................153

AGRADECIMIENTOS

Valoro la existencia de mi esposo y de mis hijos en la pantalla de mi vida. Ellos forman parte del plan escrito por Dios para mí, antes de que mi alma entrara en esta encarnación.

Mi esposo José Domingo es mi alma gemela, mi complemento divino. Me trajo muchos retos y aprendizajes. A través de él he experimentado lo que significa el amor incondicional, la ternura, el perdón y el apoyo espiritual, más allá de lo que hemos tenido que superar con respecto a nuestra psicología personal kármica arrastrada de vidas pasadas y a los desequilibrios de nuestros egos. Él ha sido mi más grande apoyo. Sacrificó su legítimo derecho de compartir conmigo para que yo pudiese dedicar interminables horas a la atención de pacientes, a dictar cursos y talleres y a conducir numerosos grupos de meditación y entrenamiento espiritual. En múltiples oportunidades tuve que atender emergencias en casas donde ocurrían fuertes fenómenos paranormales; éstos ocasionaban trastornos de pánico y desórdenes psicológicos y espirituales en sus habitantes, quienes muchas veces eran niños muy pequeños. Su rostro tampoco mostró desaprobación, reproche o reclamo, cuando, fuera del horario normal de trabajo, tuve que ocuparme de pacientes fuertemente afectados por dolores profundos del alma, generados por la pérdida de seres queridos o la invasión de su campo áurico por parte de entidades. Su mensaje siempre fue: "¡Tranquila!, yo sé que esa es tu misión, yo te entiendo".

Mis hijos Lilia Rosa, Judicita, José Domingo y Samuel son seres con alto nivel de entendimiento espiritual y han sido generosos, pacientes y comprensivos con la madre que les asignó Dios, madre amorosamente aceptada, quien ha tenido su consultorio y su centro de meditación en su propia casa. Por lo tanto han crecido rodeados de una intensa actividad diaria de entrada y salida de pacientes quienes los han visto convertirse en adultos y hoy en día son nuestra Familia del Alma.

Dedico un especial reconocimiento a Carmen. Ella ha sido, durante 17 años, mi mano derecha en la conducción doméstica de mi hogar. Estoy segura de que ella también fue seleccionada por Dios para formar parte de mi vida y permitirme este intenso entrenamiento.

A mis hermanos: Marlene, Milagros, José Ramón, María Elena y Grisell, quienes pasaron conmigo todas las penurias de unos niños que perdieron a su madre a muy temprana edad y vivieron la agonía de su enfermedad, rodeados de pobreza y necesidades. Ellos han nutrido mi corazón. Aunque la distancia y los procesos de vida de cada uno no nos permiten estar juntos en estos momentos como desearíamos, pues el río de la vida los ha llevado a otros países, me han dado pruebas de lo que significa la solidaridad en momentos apremiantes.

A mi madre, por transmitirme su sabiduría y por haberse marchado del mundo físico a los 39 años, después de una gran agonía con cáncer de mama y con metástasis generalizada. Hoy entiendo que su partida tan temprana y en esa forma tan atormentada ocurrió para equilibrar su karma y porque había cumplido una misión. Esto indujo en mí un proceso de aprendizaje y discernimiento espiritual.

A mi padre, quien también se marchó ya de este mundo físico. Él me enseñó el valor de un corazón lleno de amor, de unas manos dispuestas a ayudar a quien lo necesitara y de palabras que emanaban constantemente de su boca, sembrando la unión familiar.

A todos mis pacientes, por confiar en que la Luz de Dios me ha guiado y a todos los que me llaman mi madre espiritual y mi doctora del alma, por mostrarme la belleza y magnanimidad del alma humana en su despertar y en su búsqueda de conocimiento espiritual.

A Glenda Balza de Sierra, mi amiga del alma, quien desde hace muchos años me repetía continuamente que no podía irme de este mundo físico sin escribir un libro y transmitir mis conocimientos.

A Grisell Huerta, mi hermana menor, quien me motivó insistentemente a sentarme a escribirlo y lo logró.

A Yudy Medina, coach internacional certificada en la International Coaching Community y productora de materiales educativos impresos, formada en la OEA. Agradezco su guía y especializados consejos para estructurarlo.

A Inna López, quien me ayudó a digitalizarlo con amor y paciencia.

A Carlos Cardozo, mi editor y publicista, por confiar y apoyarme en la realización de este proyecto editorial.

PRÓLOGO

MI DOCTORA DEL ALMA

Conocí a la doctora Judith Huerta de Campos, un ser amoroso y sabio, realizando un curso de karma y reencarnación dictado por ella en la ciudad de Caracas, Venezuela. Este es un tema en el cual es toda una autoridad. Aprendí muchas cosas totalmente desconocidas para mí hasta ese momento, por ejemplo, que cuando nacemos se nos entrega un pergamino de vida, donde están escritos todos los procesos que debemos vivir y experimentar en nuestro tránsito de vida para aprender a ser mejores personas y evolucionar; y que cuando nos vamos de este plano físico se nos proyecta en una pantalla cómo fue nuestra existencia, qué aprendimos y qué errores cometimos; también, que necesitamos volver una y otra vez en nuevos cuerpos hasta superar todos nuestros karmas. Asistir a ese curso cambió mi vida.

Ese día me enteré de que la doctora Judith realizaba regresiones a vidas pasadas y transfusiones energéticas a personas con tristezas, pesadumbres, penas, dolores del alma y procesos de duelo por muerte de seres queridos. Nunca pude imaginar que años más tarde, iba a tener que acudir a su consulta por la muerte intempestiva del padre de mis hijas, a quien yo quería muchísimo y con quien llevaba una excelente relación de amistad después de nuestro divorcio. Una de mis hijas estaba muy deprimida y presentaba crisis de pánico y yo no podía consolarla, pues estaba en las mismas condiciones que ella. La ayuda de mi doctora del alma fue inmediata y sorprendente. Después de su terapia sentí un gran alivio y sosiego. A partir de ese momento, mi admiración, cariño y respeto fue muy grande. Como soy educadora, sentí el deseo de que su conocimiento llegara a muchas personas y así se lo manifesté. Ella me comentó que estaba en proceso de escribir un libro y le ofrecí mi apoyo y experiencia como coach y productora de libros formada en la OEA. Así comenzó nuestra relación hasta llegar a materializar este hermoso sueño de publicar este manual de conocimiento espiritual que introduce un nuevo paradigma sobre el alma. "Tu alma te necesita" es un libro totalmente novedoso que, además de instaurar una nueva visión sobre el alma, está escrito en un lenguaje sencillo, accesible, ameno, práctico y fácil de asimilar, para cumplir con el propósito de hacer entender al lector por qué su alma le necesita y cuáles son sus misterios.

La doctora une la ciencia con la espiritualidad de manera magistral. Cuando dicta talleres y conferencias, el público queda hipnotizado por la forma en que transmite sus conocimientos. Estoy convencida de que tiene el don de la sabiduría y el don de la palabra. Sus terapias de curación y equilibrio del alma están llenas de magia; con sus consejos sabios ayuda a resolver procesos de vida muy difíciles y con su conocimiento científico como médico que es del cuerpo físico, su manejo de amplia información sobre la ciencia de la mente, las emociones y del alma, se introduce espectacularmente en la salud holística. Cuando realiza la camilla de transfusión de Luz como ella le llama, la cual es una poderosa forma de inyectar energía espiritual a sus pacientes, logra con sus invocaciones, sus mantras, sus cánticos celestiales y sus arrullos al alma, cambiar en el paciente una situación de tribulación a paz en un instante, pienso que ella está acompañada por algo misterioso y estoy segura de que "ese algo" es Dios y sus ángeles. Ella es médico del cuerpo y médico del alma, no me queda ninguna duda.

Leer este libro les ayudará mucho.

Yudi Medina
Coach ontológico internacional y productora de libros.

INTRODUCCIÓN

Si en la década de los años 70, durante mis estudios de Medicina en la Universidad Central de Venezuela, alguien me hubiese hablado de las enfermedades espirituales, habría pensado que esa persona era un ignorante o un fanático espiritual. Hoy, a mis 62 años, con 37 años de graduada de médico, con amplia experiencia en las enfermedades del cuerpo y habiendo adquirido un gran conocimiento en el diagnóstico y tratamiento de las enfermedades del espíritu, me asombra que en el presente sean otros los que pudiesen pensar que yo soy una fanática al escucharme exponer la realidad de las enfermedades espirituales desde la nueva visión de ciencia espiritual, y que ese pensamiento sea debido a la gran incultura espiritual de ellos.

Para llegar a convertirme en médico del alma, como lo soy actualmente, he tenido que pasar por profundas experiencias; mantenerme en una inquieta y perenne búsqueda espiritual; vivir una etapa de aprendizaje en el año 1995, en la Summit University (USA); recibir enseñanzas de Elizabeth Clare Prophet, verdadera mensajera y canalizadora espiritual, y tener la oportunidad de estar en contacto con cientos de pacientes aquejados de enfermedades del alma, durante años de intensa labor en terapias de curación y equilibrio del alma.

Todos estos pacientes han sido mis mejores libros pues, a medida que los ayudaba a sanar sus enfermedades espirituales, ellos con su dolores y heridas del alma, su psicología enferma arrastrada de vidas pasadas, sus karmas, sus fenómenos paranormales y los desequilibrios de su aura y de sus chakras, me mostraban los signos y síntomas de las enfermedades del alma.

Todo esto unido a una invisible, pero perceptible guía interna que hoy en día entiendo muy bien y que es una mente superior auto-inteligente, una fuerza intangible, pero perceptible denominada Dios.

Escribir este libro es una gran oportunidad para colaborar, para dar claridad intelectual a la impresionante realidad del alma y los desequilibrios y enfermedades que pueden afectarla, también para darles un mensaje claro de alerta a ti y a todos los que se conecten con sus páginas.

Este mensaje es: ¡tu alma te necesita!, te invito a conocerla profundamente y a cuidarla.

LOS CÓDIGOS
DEL ALMA

A medida que vayas leyendo, irás descubriendo qué es el alma y por qué te necesita tanto. Nadie nos enseña a entender esto. La gente no tiene alma hasta que se da cuenta de que la tiene.

A través de mis experiencias de vida intentaré llevarte, de manera sencilla, a este conocimiento tal y cómo yo llegué a profundizarlo.

Los códigos en el área de la informática son un conjunto de símbolos que ocultan una información secreta. Pues bien, nuestra alma vino a este mundo físico a evolucionar y de acuerdo con la evolución que haya traído de vidas pasadas, trae códigos impresos en su subconsciente y algunos dicen que en la cámara secreta de su corazón. Esos códigos se disparan en su momento adecuado, liberando la información secreta que activa la energía de los deseos del alma, motivándola a tomar acciones para lograr el entrenamiento necesario y así cumplir con su misión de vida, ya sea individual o en la comunidad.

Cada quien trae una misión de vida. Muchos piensan que esa misión tiene que ver con un gran servicio a la humanidad, con un gran papel protagónico, como fue el caso de la famosa Madre Teresa de Calcuta, Premio Nobel de la Paz. Sin embargo, no todos traemos la evolución necesaria para eso ni las experiencias de vidas pasadas que nos capaciten para lograrlo.

Muchos traemos una misión individual en el área personal, familiar, profesional o social, como ocurre con un profesor universitario cuya misión es llevar la docencia a sus estudiantes y prepararlos para servir a la humanidad en el campo profesional donde es experto; o una ama de casa cuya misión ha sido unir a su familia y enseñarle el poder del amor y la solidaridad familiar.

Cuando me refiero a misión, hablo del servicio individual o a la comunidad que se hace de acuerdo con el talento de vida, eso que podemos hacer mejor que los demás, pues es nuestro don, es la magia del encuentro con Dios dentro de nosotros.

Hoy en día, comprendo que el hecho de haberme convertido en médico y haber adquirido la visión de que la salud del ser humano no es solamente la salud del cuerpo físico, estaba programado en los códigos de mi alma. Siento que traje de vidas pasadas experiencias de haber sido médico del cuerpo físico y que en esta vida estaba programado que me convertiría en un médico con comprensión total de la salud física, mental, emocional y del alma del ser humano, y que tendría un entendimiento y una facilidad impresionante para mí misma, de tocar el alma de los demás, diagnosticar y ayudar a curar sus tribulaciones y padecimientos espirituales y energéticos.

A veces me pregunto a mí misma: ¿Cómo lo logré? y entonces me respondo: no fui yo, fue la inteligencia y el plan de Dios a través de mí. ¡Esto es extraordinario! Y lo más maravilloso es que cada uno de nosotros tiene la oportunidad de que esa Luz y ese plan divino se expresen a través de nosotros, si obedecemos nuestros deseos.

El primer código se me activó en la adolescencia, cuando comencé a sentir un deseo y una gran pasión por conocer ampliamente el cuerpo humano y cómo curarlo de sus dolencias. Estudié Medicina en la Universidad Central de Venezuela, en la Escuela de Medicina José María Vargas, en Caracas. Esto marcó mi vida para siempre. Amaré eternamente mi escuela. Me gradué en el año 1977. Hice postgrado de Pediatría y luego de Neonatología (terapia intensiva de recién nacidos críticamente enfermos) y me dediqué por muchos años a la salud de los niños, quienes me inspiraban una inmensa ternura y una gran urgencia de ayudarlos a sanar.

Trabajando, estudiando e investigando como científica fui descubriendo que la Medicina debe ir más allá de ver al paciente sólo como un cuerpo físico, como una máquina a la cual hay que mandar medicamentos para curar sus desperfectos, aunque este cuerpo físico como materia que es, necesita de esos medicamentos y eso es irrefutable.

Sin embargo, mi mente se abrió para comprender que las enfermedades tienen también una relación con el pensamiento. Entonces se activó el segundo código, como una necesidad incontenible de saber todo lo relacionado con el funcionamiento de la mente y su influencia en la producción y curación de enfermedades psicosomáticas, es decir, en la relación mente-cuerpo. Leí infinidad de libros, hice cursos de control mental, aprendí todo lo relativo a los fenómenos mentales, estudié programación neurolingüística y cómo programar la mente para la salud. Tanta era la ansiedad por saber que mi esposo, cuando terminaba un curso, bromeando me preguntaba: ¿Y ahora, qué más vas a estudiar?

Entonces, ya para cumplir los 35 años, se impulsó el tercer código con un interés desenfrenado por conocer la influencia de las emociones sobre las enfermedades y todo lo relativo a las enfermedades emocionales. Me entrené en Psiconeuroinmunología y descubrí que las emociones negativas como la rabia contenida, la ira, el rencor, el resentimiento y muchas más, disminuyen la efectividad del sistema inmunológico e intervienen en la multifactorialidad de enfermedades como el cáncer y la artritis, entre otras. El código más fascinante se me reveló hace 20 años, a mis 42 años de edad. Me adentré profundamente en la parte espiritual y comenzó una poderosa inquietud por saber y conocer todo lo relativo a ese mundo, ¿De dónde venía yo? ¿Por qué nací? ¿Cuál era mi propósito de vida? ¿Por qué a la gente buena le pasaban cosas malas? Esto tiene que ver con lo que posteriormente estudié y pude comprender: el karma.

¿Qué es la muerte? ¿Adónde vamos cuando morimos? ¿Cuál es la explicación de los fenómenos paranormales? ¿Existe vida después de la vida? Miles y miles de personas se hacen en este momento éstas y tantas preguntas más; pues ese código está activado en millones de almas en el planeta. Entonces, como un milagro, se me abrió la oportunidad de asistir a la Summit University (Montana).

Ante mis asombrados ojos de médico, mi mente pudo abrirse a la espiritualidad científica, salir de la estructura mental cuadriculada a la cual nos llevan los paradigmas religiosos y científicos, dejar atrás el analfabetismo espiritual, conocer lo que es el alma, su anatomía energética, estudiar el aura, los chakras, sus enfermedades y sobre todo, descubrir que vivimos en un planeta multidimensional. La multidimensionalidad está ahí pero no la vemos; a tu lado puede estar un espíritu o un ángel y tú no lo ves, pero ahí está. En realidad existen otras dimensiones y otros habitantes de esas dimensiones, tanto de Luz como de oscuridad. Así me convertí en un médico sanador del alma.

También aprendí que el alma está conectada con el sistema inmunológico a través del chakra del corazón, el cual está relacionado íntimamente con el timo (glándula importantísima para el sistema de defensa del organismo) y que las enfermedades del alma pueden generar enfermedades del cuerpo. Entonces supe que debía unir la ciencia con la espiritualidad. Albert Einstein dijo: "La ciencia sin la espiritualidad está tuerta y la espiritualidad sin la ciencia está coja". Tenía razón. Comencé a tener el privilegio de tocar el alma de mis pacientes en la consulta, a través de la ya famosa camilla de transfusión de Luz, la cual será explicada posteriormente.

Se me despertó el código del don de la palabra, de la sabiduría y del amor compasivo. Podía sentir el dolor de sus almas, su tribulación, su agonía. Contacté con cientos de pacientes que lloraban con el llanto del alma y lo conocí e identifiqué tanto como identificaba el llanto por dolor, por hambre, por calor o por frío de mis pacientes recién nacidos cuando me desempeñaba como pediatra. A través de una intuición y entendimiento especial y para mi gran sorpresa, comencé a percibir presencias de entidades perturbadoras que estaban robando la Luz de las almas y produciendo gran debilidad por anemia espiritual. Este conocimiento lo ampliaré posteriormente.

Descubrí que la magia celestial no se ve, se siente y que para sentirla hay que tener información; pues podrías estar experimentándola y no identificarla. Siento una fuerza poderosa que llena de paz y de alivio a los pacientes, percibo una presencia invisible infinitamente inteligente que me guía y me apoya, que ha sido mi instructor supremo en todos estos años de arduo entrenamiento. Esa poderosa presencia envía a sus asistentes los ángeles, médicos y psicólogos del cielo a traer esa Luz de Dios, la cual es el medicamento del cielo que llega adonde no llegan ni la mano del hombre, ni sus medicamentos ni su ciencia y que aclara los pensamientos y sosiega el corazón.

Entendí que Dios desea que los ángeles y los humanos restituyan su amistad, que es un plan divino que la ciencia se una a la espiritualidad y que los humanos se identifiquen con su alma, que conozcan sus debilidades y fortalezas, entendiendo sus enfermedades y su psicología.

En oportunidades, mientras escribo, me preocupo por este lenguaje que estoy usando, el cual es exacto y preciso, tan sencillo y lleno de verdad. Puede ser asimilado por las personas que no tienen este conocimiento o están muy comprometidos con sus paradigmas religiosos. Entonces me remito a mi experiencia personal, pues siendo científica, pude abrirme a esta visión como una realidad hacia la que todos debemos ir. Hemos abandonado nuestra alma, la hemos apartado de la compañía del cielo, que es nuestro verdadero hogar. De allí venimos y hacia allí debemos regresar tarde o temprano. Vivíamos inmersos en Luz y paz y rodeados de ángeles, quienes son nuestra familia en esa dimensión tan conocida, pero tan olvidada por nosotros en este mundo físico.

Hoy sé que el principal enemigo de la salud y del bienestar es la ignorancia, esa ignorancia de no saber que no se sabe o de creer que se sabe todo lo que hay que saber, y en este momento tengo en acción el código del deseo de enseñar y de aprender, porque enseñando se aprende.

MIS INICIOS

Fue necesaria una serie de acontecimientos, no siempre placenteros, para despertarme y conducirme a un aprecio intelectual por el universo no físico que nos rodea y para que yo pudiese entender los procesos del alma.

Desde niña aprendí que lo que llamamos Dios está presente en todos y en todas la religiones. Hoy en día sé que es una energía auto-consciente, auto-emanante, auto-sostenida e infinitamente inteligente que no conoce de separación.

Mi madre era católica, mi padre cristiano evangélico y mi abuela paterna testigo de Jehová, tres religiones ortodoxas que se critican unas a otras. Asistía los sábados a la iglesia católica con mi madre, quien era devota de la virgen y yo la ayudaba a adornar el altar con flores. Los domingos iba con mi padre a la iglesia evangélica presbiteriana y a la escuela dominical en la cual estudiaba la Biblia. Y mi abuela se encargaba de instruirme en su religión con una revista llamada La Atalaya. Así, en cada una de estas actividades, yo sentía a Dios. Afortunadamente ninguno de ellos me hablaba mal de las otras religiones; era como si entendieran que Dios también estaba presente en las creencias de los otros y jamás me generaron conflicto, de tal manera que para mí es muy fácil percibir la presencia de Dios en todas las iglesias, incluyendo las hebreas, mormonas o de cualquier otra denominación.

Mi primer grado de primaria lo hice en una escuela católica, rodeada de monjas y el resto en una evangélica. En las dos me daban clases de religión y me llevaron a establecer una firme unión con Dios.

Cuando apenas tenía 12 años de edad, a mi madre le diagnosticaron cáncer de mama, en una época en la que no existía la quimioterapia. Yo era la hija mayor y me tomé muy en serio ese papel, pues bastante me lo programaron mis padres en mi mente consciente y subconsciente, tanto que hasta que cumplí los 17 años, fecha en la cual ella abandonó su cuerpo, asumí la responsabilidad de sus controles médicos y de todas las decisiones importantes con respecto a su enfermedad.

Mi padre era un hombre muy bueno, amoroso, trabajador, pero un alma muy débil y con muchos miedos. Era chofer de taxi; padecía de diabetes y por ello decidí no decirle qué enfermedad tenía mi madre por miedo a que se complicara él también. Como siempre lo hice durante muchos años de mi vida, me sobrecargué y cultivé la tendencia psicológica que traje de vidas pasadas, de sobreproteger a los demás aún a costa de mi integridad. Hasta ese momento no podía vislumbrar que mi alma también me necesitaba. Yo llevaba a mi mamá a la consulta médica y aunque algunas veces lo hacía mi hermana Marlene, los médicos se entendían conmigo. Me decían que ella estaba muy grave; me preguntaban por mi padre y siempre respondía que él estaba trabajando.

Oraba suplicándole a Jesucristo que no dejara que se muriera, pero a medida que transcurría el tiempo, se ponía peor; sus dolores eran insoportables y sufría mucho. En varias oportunidades me dijeron que se iba a morir pronto, por lo cual era recomendable que le fuera preparando su funeral. Sin embargo, ella sobrevivió dos años más. Con esto aprendí que los médicos no son dioses y que la hora de nacer y de morir ya está escrita. Mucha gente se lanza de un piso muy elevado de un edificio para suicidarse y queda viva, mientras que otros se acuestan a dormir y amanecen muertos. Realmente nadie tiene potestad sobre el espíritu, ni sobre la hora de la muerte; nos vamos del mundo físico cuando nos toca, ni un minuto antes ni un minuto después.

En vista de estos malos pronósticos, decidí llamar a una amiga de mi madre con la intención de que me ayudara a comprarle un terreno para su tumba sin que se enterara mi padre, pues yo tenía apenas 16 años y era menor de edad. Lo compró ella a su nombre y lo pagué yo con una beca de estudios que tenía de la beneficencia pública. Iba sola al cementerio a vigilar los trabajos del sepulturero y pasaba horas imaginando cómo iba a ser el momento en que la entregara a la tierra. Si hubiese tenido el conocimiento que hoy tengo, jamás hubiese hecho ese acto tan nocivo para mi psiquis, pues sé que es sólo la envoltura del alma lo que se deja allí, o quizás la hubiese cremado para que su espíritu se desprendiera más rápidamente de su cuerpo físico.

Así, entre vicisitudes y pobreza la vi morir, y eso según mis creencias en esa época, era desaparecer de la existencia. Quedé desolada y esto marcó el inicio de una etapa de despertar de consciencia en mí. Al principio, una profunda decepción, ira y rebeldía contra Dios en la representación de Jesucristo surgió de mi alma desesperada por haber perdido a un ser al cual estaba tan unida, a quien le abría las puertas de mi corazón y que me aconsejaba tan sabiamente. Conocí el dolor profundo del alma que se siente en el centro del pecho, en lo que llamamos el chakra del corazón, una de las enfermedades más dolorosas del alma, y su pérdida me generó otra enfermedad: el miedo a amar intensamente, de apegarme y entregarme a otro ser por temor a perderlo.

Tenía apenas 17 años y de repente me vi con más responsabilidades que antes y con un padre que siempre fue dependiente de su fuerte, decidida y proactiva esposa. Al verse viudo con 6 hijos, atemorizado por el reto que la vida le estaba poniendo, decidió que cada uno de mis hermanos se fuera a vivir con sus madrinas, pues la carga era demasiado grande para él. Quizás era una realidad, pero emergió de mí la fuerza interior y el hábito de sobreprotección. Me paré frente a él y le dije que ninguno de mis hermanos saldría de la casa, que eso no le hubiese gustado a mi madre, y que sobreviviríamos juntos o nos moriríamos juntos. Así fue como comenzamos la odisea de sobrevivir en un caos total. Tomé la batuta del grupo, apoyada por la compañía de mi padre, quien al sentir seguridad a mi lado, desbordaba amor y ternura hacia todos. Asumió el rol de trabajar arduamente por el sustento y nos consentía con cuidados maternales como prepararnos comida, estar solidario a nuestro lado en todos los percances que teníamos y llenar el vacío de madre que había quedado en nuestros corazones. De él aprendí que el alma débil, cuando se siente apoyada, es capaz de asumir todos los retos y que en la unión está la fuerza.

Al poco tiempo, mi segunda hermana se casó y se fue a vivir a Chile, lo cual acrecentó mi sensación de pérdida de seres queridos y llenó mi corazón de un resentimiento hacia ella, pues sentía que me había abandonado en un momento crítico. Al correr de los años y entender que mi alma me necesitaba, traté de sanar ese resentimiento y lo hice aceptando que cada quien tiene sus procesos de vida, que a ella le tocaba irse del país y a mí quedarme. Mi actitud era de dureza y resentimiento con Dios; lo cuestionaba por lo que me estaba pasando. Mi amargura y dolor no tenían límites. Lo culpaba y le preguntaba por qué se había llevado a mi madre y no a un drogadicto o a un asesino; estaba furiosa con él. Me vestí de luto cerrado durante un año completo.

Mi padre era como un animalito asustado que se apoyó en mí. Mi ternura se escondió en lo profundo del chakra de mi corazón y sólo controlaba, ordenaba, regañaba y estudiaba desesperadamente. Ya había comenzado a estudiar Medicina y cursaba el primer año de la carrera, como el único medio para salir de esa situación de carencia y caos familiar en que estaba sumida. Se me había añadido otro desequilibrio espiritual: la ira contra Dios; conocí lo que se denomina "la noche oscura del alma", estado emocional que ocurre cuando el alma enojada se separa de Dios porque no le hizo el milagro que le pidió y entonces, a lo largo del tiempo, comienza a sentir el vacío de Dios, pues al perder la conexión se instala un estado de soledad interior.

Me aparté del contacto con esa presencia invisible que me había confortado desde niña; caí en un vacío interno que nunca en la vida quiero volver a experimentar, que yo llamo "la noche oscura del alma". Es un estado espiritual en el cual la persona se siente vacía de Dios y de su Luz, en total soledad interior.

Todo lo que alma vive para llegar a asumir su misión a la comunidad es una cuesta muy empinada, llena de experiencias dolorosas. Mi intención es hacer una narración de lo que tuve que caminar para poder entender, aprender y ayudar a mi alma y a otras almas, como el sanador herido que se sana a sí mismo a medida que sana a los demás.

LILIA, MI MAESTRA

El alma necesita guía y mi madre, Lilia, fue eso para mí. Éramos seis hermanos y quienes tuvimos la oportunidad de un mayor contacto fuimos los cuatro hermanos mayores: Marlene, Milagros, José Ramón y yo. Las dos más pequeñas pudieron sentir su amor y su instinto maternal hacia ellas, a pesar de que lo hacía desde su lecho de enferma, en esos largos años del tormentoso cáncer que padeció.

Me disculpo querido lector, si para llevarte mejor por el sendero del entendimiento de lo que existe y desconoces o no entiendes acerca del alma, he necesitado hablar de mis experiencias, de lo que fui descubriendo a través de ellas y de mis procesos y vínculos con seres queridos, pero esa fue mi escuela y es la única forma que he conseguido para poder llevarte por el viaje que yo ya recorrí en el descubrimiento de los misterios de la vida y del alma.

Era ella una mujer de muy baja estatura pero de gran tamaño espiritual. Hoy en día comprendo que yo iba a ser guía de otros como lo estoy siendo y humildemente agradezco esta oportunidad; por eso, este hermoso ser fue incorporado a mi pergamino de vida antes de mi nacimiento, para que su vehículo físico permitiera que se me construyera un cuerpo durante meses de gestación, para que mi alma lo ocupara y pudiese entrar al plano de las experiencias terrenales a evolucionar y tener un propósito de vida, al igual que tú que estás leyendo estas palabras.

Como ser espiritual, en su memoria subconsciente, ella sabía que estaba capacitada para darme lineamientos desde muy temprana edad y programar mi mente para una vida que no iba a ser nada fácil y que aún hoy en día no lo es, pues vivo inmersa en la aflicción de decenas de pacientes que me visitan, aunque cada día tengo mayor facilidad para ayudarlos.

Para esta vida, esta mujer pequeñita, generosa, servicial, quien disfrutaba apoyando a todos sus familiares y amigos y que cocinaba muy rico (don que no heredé), fue seleccionada por Dios para que me trajera a este mundo. Era muy optimista. Nunca la escuché decir: no se puede, es imposible. Al contrario, siempre sentí su fortaleza y su seguridad. Dedicó su vida a proteger e impulsar a mi padre, ayudándolo a prosperar y cuidar abnegadamente de sus hijos e incluso de sus sobrinos, a los cuales también dio protección cuando los abandonó su madre.

Un coach es un profesional que está preparado académicamente para sacar de cada ser humano lo mejor que hay en él. Es un motivador. Pues bien, Lilia, sin preparación académica, se desempeñó en mi vida como una verdadera coach. Siempre conversaba conmigo; era sabia; me enseñaba usando refranes populares. Cuando no me quería levantar en la mañana para ir al colegio porque tenía sueño me decía: "al que madruga Dios lo ayuda", así que ¡a levantarse! Cuando me ponía rebelde ante sus consejos me repetía "el que no oye consejos no llega a viejo". Cuando estaba con alguien que a ella le parecía que tenía conducta inadecuada me aclaraba su punto de vista y finalizaba con otro refrán como este: "dime con quién andas y te diré quién eres". Me dejó enseñanzas que he aplicado en mi vida personal y en la de mis pacientes.

Hablaba seriamente conmigo y me preparaba para el futuro. Ya en su lecho de enferma me decía: "cuando te cases, si tu suegra tiene defectos, no se lo digas a tu esposo; él sabe que los tiene, pero no le va a gustar que se lo digas tú". Ah! y siempre me decía: "con el marido siempre hay que ser dulce como la oveja y astuta como la culebra". Todas estas recomendaciones me han servido mucho a mí y a los desorientados en estos aspectos que se me han acercado. Me inducía a ir hacia adelante, me impulsaba a buscar la verdad real en las situaciones vividas y en las relaciones humanas. Por ejemplo, a los 13 años tenía una amiga muy querida llamada Beatriz, quien era mi confidente. Compartía su merienda conmigo y me ayudaba en los estudios así como yo a ella, pero un día discutimos por una tontería y yo llegué a la casa llorando y diciéndole a mamá que no la quería más como amiga. Ella, muy acertadamente, me dibujó una balanza en el aire y me dijo: "No pienses así.

Cuando alguien a quien quieres mucho y que te ha ayudado y apoyado comete un error, siempre coloca en una balanza lo bueno de esa persona de un lado y lo malo del otro lado, así verás que el lado de lo bueno se inclinará y pesará muchísimo más que el lado contrario. Esas palabras me han ayudado mucho a mantener relaciones humanas perdurables porque pensamos que una relación de pareja, de amistad, laboral o familiar es aquella en la que los demás son perfectos y no cometen errores y no es así. Mientras estemos en este mundo físico nada es perfecto, la perfección sólo existe en las dimensiones de vida superiores de Luz (que la gente llama Los Cielos).

Me programó el "sí se puede". Mi padre venía de un nivel con muchísimas necesidades y por la misma vida que llevó, tenía muchos pensamientos de limitación y carencia; a todo decía siempre: "no se puede", "no hay dinero para eso". Un día me eligieron reina de carnaval en el colegio y al participárselo, él respondió: "no tengo dinero para comprarte el vestido". Ella en cambio me guiñó el ojo y me susurró al oído: "sí se puede". Empezó a hacer tortas y a venderlas, así reunió el dinero para comprar la tela y mandar a hacerme el vestido.

Era el pilar del hogar, el motor. Reunía dinero en una lata de leche vacía y emprendía acciones para cambiar nuestra humilde vivienda en una más digna. Su primera hija había muerto recién nacida por asfixia;

debido a esto pasó todo mi embarazo con miedo a que sucediera lo mismo conmigo, miedo que absorbí mientras estaba en el útero. Esto lo comprendí después de mi incursión en los desequilibrios del alma originados dentro del útero materno, así se explicaba el susto con el cual me levantaba desde niña, el cual he superado después de conocer y aplicar las técnicas de sanación del alma.

Inculcó en mis registros mentales el rol de hermana mayor, que me tomé demasiado en serio y esto me hizo pensar que si mis hermanos cometían algún error o les pasaba algo iba a ser por mi culpa. Esto me llevó a comportarme con mis hermanos menores, después de su muerte, como una verdadera tirana, imponiendo autoridad excesiva por pánico a que les sucediera algo. Sin embargo, en mi soledad lloraba a escondidas; mi alma sabía que refrenaba la ternura de mi corazón. En eso también fue mi maestra; hasta el momento en que me casé y tuve que ir a vivir en otro sitio, mantuve un orden y un respeto dentro del desorden en que vivíamos.

Aunque hoy en día lo haría diferente, me enseñó tanto que hasta después de muerta fue un canal para que yo abriera mi conciencia a la vida después de la muerte. Cuando desapareció, tenía la creencia de que la muerte representaba el final de las cosas. Sobrevivir a la pérdida de un ser amado es una de las experiencias más difíciles de la vida. Es bien sabido que el proceso de sobrellevar la pena implica pasar por el inicial impacto emocional; luego vienen la negación, rabia, depresión, desesperación, nostalgia, hasta finalmente lograr cierto tipo de aceptación. Cada una de estas etapas de inquietud emocional varía en duración e intensidad, desde meses hasta incluso años. Perder a alguien con quien hemos tenido profundos vínculos puede ocasionar una desesperanza tal que nos lleve a sentirnos en un pozo sin fondo del cual escapar es imposible, porque la muerte nos parece algo definitivo. En la cultura occidental la creencia de que la muerte es el final de la vida constituye un obstáculo para la sanación del alma.

Lilia, después de irse de la vida, trajo hasta mí el primer contacto con la información de que existe otra dimensión de vida y ocurrió a mis 27 años de edad, un día antes de la ceremonia religiosa de mi boda. Había comprado mi vestido de novia y para que nadie lo viera antes se lo entregué a Nora, quien fue una gran amiga de mamá y con quien yo tengo profundos vínculos espirituales, para que me lo guardara. Ella me dijo que me iba a regalar las monedas que se utilizan en la ceremonia, las llamadas "arras", porque ella las coleccionaba. Dos días antes, fue a mi casa muy apenada, me dijo que no las había conseguido y no recordaba dónde las había guardado. El día antes de la boda me las entregó con estas palabras: "Judith, estas monedas te las envía tu madre. Anoche soñé con ella, estaba linda, resplandeciente y me dijo: Nora, que bella se va a ver mi hija con ese vestido, las monedas que quieres regalarle están en el closet de tu hijo Hugo, en el tramo de arriba a mano izquierda, en una cajita roja". ¡Me quedé asombrada!

Acababa de terminar mis estudios de la escuela de Medicina donde disequé fríamente cadáveres de personas, pensando que ya no existían, diagnostiqué la muerte de pacientes por ausencia de latido cardíaco y mecánicamente les decía a sus familiares: "lo siento, ha dejado de existir", y en una forma magistral, a través de un sueño, por medio de la mente de un humano, de facultades mentales que en la actualidad conozco porque las he estudiado (aunque en ese momento habría sido incapaz de entender ni de aceptar, pues estoy hablando del año 1978), un ser tan amado por mí me seguía demostrando su amor. Gracias a un contacto telepático con su amiga y a los contactos abiertos a través de las ondas electroencefalográficas del sueño, venía a enseñarme que la muerte no existe, que existe vida después de la vida. Realmente este ser que me tocó como madre fue una verdadera maestra para mí.

MI PADRE, UN GRAN COMPAÑERO

Mi padre tenía un nombre que yo de niña consideraba feo pero que hoy en día, al ser pronunciado, me parece hermoso porque me pone en contacto con su energía. Se llamaba Evaristo. Nació en Maracaibo, Venezuela, donde fue sastre. Cuando yo tenía cinco años nos marchamos a Caracas en búsqueda de mejoría económica y trabajó de taxista. Como ya lo he dicho antes, era un alma débil y miedosa pero especialista en amar y ayudar a los demás. Vivió una vida muy tormentosa y muy presionada por las carencias económicas. Trabajaba muy duro, hacía viajes nocturnos a ciudades del interior del país y al llegar cansado a casa, era de día y se encontraba con seis hijos de diferentes edades que no lo dejaban dormir, pues a esas horas estaban despiertos y en plena actividad, lo cual lo ponía muy irritable. Cuando nuestros gritos y juegos lo despertaban, se levantaba iracundo y nos regañaba dura-mente por no dejarlo dormir ¡y no era para menos!

Hoy entiendo que un cuerpo físico agotado por el esfuerzo de mantenerse despierto conduciendo un vehículo y una mente cansada con un alma agobiada no puede reaccionar de otra manera. Sin embargo, en esos años de mi infancia, esto generaba resentimiento en mí. Además, cuando me castigaba era muy fuerte, me colocaba parada de espalda en un rincón de la casa y me daba con una correa contando cada correazo 1, 2, 3, 4, 5… y me decía: "¡llora!", hasta que al final, agotada, lloraba para que no me siguiera pegando. Eso también producía en mí rabia, rencor y dolor cuando veía a mi mamá angustiada por esto. ¡Cuánto necesitaba mi alma aprender y entender la conducta de mi padre!

Sólo después de mucho tiempo pude entender el motivo de su conducta agresiva y fue cuando una tía paterna me contó cómo había sido la infancia de ellos. Su padre, mi abuelo a quien no conocí, era alcohólico, y mi abuela tenía que salir al mercado y vender lotería para traer la provisión al hogar. Cuando llegaba, como no traía licor para su esposo, éste le pegaba. Entonces mi padre, quien tenía apenas doce años, para protegerla decidió que él iba a ser quien saliera a vender esa lotería y cuando llegaba, por supuesto, tampoco traía bebidas alcohólicas para sustentar el alcoholismo del jefe de la casa y entonces lo golpeaba con una correa, colocándolo en una esquina de la casa, contándole los golpes y pidiéndole que llorara, tal cual lo hacía él conmigo. Al final lo amarraba de un árbol en el patio y le ponía un recipiente con agua como si fuera un animal, así lo dejaba todo el día y toda la noche.

¡El alma de mi padre me necesitaba! ¡Cuánto sufrimiento y dolor físico no habría pasado! Él sólo estaba copiando el único modelo de miseria física y humana a través de mi abuelo, quien estoy segura de que tenía además una enfermedad mental. Todo rencor o resentimiento que podría estar albergando en mi chakra del corazón se transformó en una hermosa misericordia y amor compasivo. Jamás vi a mi compañero de equipo, después de convertirse en viudo, llegando borracho, pues no tomaba bebidas alcohólicas, ni faltando a su casa y dejándonos solos, ni con ataques de ira ni con maltratos a sus hijos. Se entregó en cuerpo y alma con alto sentido de consciencia y nobleza a su misión de vida después de la partida de su esposa: ser pilar de unión de todos sus hijos. ¡Cuántos misterios guarda el alma humana!

Fue después de haber dejado Lilia el plano físico cuando pude aquilatar la belleza y nobleza de ese ser que envió Dios como mi padre.

En sus momentos de dolor y aflicción por la pérdida de su esposa, debido al inmenso amor que su corazón albergaba por ella y su temor a continuar la vida sin la seguridad y fortaleza que ella le ofrecía, yo sentía la inmensa necesidad de protegerlo. Hicimos equipo, yo dirigiendo y él junto con mi tercera hermana Milagros, asumiendo el rol materno, dado que mi hermana Marlene estaba en Chile. Él salía a traer lo poco que podía para la supervivencia, daba amor, ternura y entre todos, como podíamos, atendíamos el hogar.

Mis hermanitas de dos y cuatro años a veces debían quedarse solas en la casa mientras los otros iban al colegio y yo a la universidad. Eso me atormentaba hasta que la sincronía del universo me ayudó a conseguir una señora cuya hija era sordomuda, ella la llevaba a un colegio especial ubicado cerca de nuestra casa y se quedaba esperándola hasta el mediodía a que terminara su horario de clases, pues vivían muy retiradas del plantel. Le ofrecí comida y le daba una parte del dinero de mi beca para que cuidara a mis hermanitas. Así fueron creciendo todos y yo sanando mi relación con Evaristo.

También fue un canal para introducirme aún más en las vivencias del mundo espiritual, que después de muchos años iban a ser continuas en mi experiencia diaria a través de los pacientes que llegaban a mí con múltiples experiencias de diversos tipos y que me ayudaron a estar plenamente consciente de la multidimensionalidad de la existencia.

Con el transcurrir de los años, todos fuimos creciendo, estudiando, progresando y creando nuestros respectivos hogares. A raíz de que mi hermana menor Grisell se casara y él se quedara viviendo solo, se acercó a mí, como siempre lo hacía, a consultarme sobre qué iba a hacer con su vida. Le aconsejé que se fuera a vivir a Mérida, bella ciudad de Venezuela, con mi hermana Marlene quien hacía años había regresado de Chile y vivía en plenas montañas, rodeada de hermosos paisajes. Así lo hizo, ella lo recibió con los brazos abiertos; él se convirtió en motivo de felicidad para ellos. ¡Y cómo no serlo, si era un alma tan amorosa y solidaria!

Ya tenía más de 50 años y conoció allí a quien fue su segunda esposa, Rosa. Antes de casarse con ella vino a Caracas, como era su costumbre a pedir mi opinión y se dirigió a mí de esta forma: "Hija, yo siento que necesito una compañera. A veces me siento solo a pesar de que mis nietos y mis hijos lo son todo para mí, he pensado en casarme pero siento que le estoy siendo infiel a tu madre, ¿Qué piensas tú?" Yo le contesté enternecida con él, pues siempre su nobleza me enternecía: "Creo que es lo mejor que puedes hacer. Mamá estará de acuerdo". Esa noche se quedó durmiendo en mi casa y en la mañana muy temprano, con su rostro asombrado por lo que le había sucedido, me contó que había soñado con Lilia quien lucía muy radiante y le dijo: "Evaristo, tú mereces ser feliz. Cásate, que pronto nos volveremos a ver". Mi padre se casó y a los dos años dejó este plano físico para reencontrarse con mamá.

Hoy sé que Lilia era su alma gemela y Rosa, su segunda esposa, un alma compañera.

Mi padre había tenido una comunicación con el más allá y en su funeral su rostro estaba plácido e iluminado, tanto que su hermana me dijo: "¿Verdad que parece que tu padre hubiese visto a Dios?" y yo le contesté: "Sí tía, y a Lilia también".

BIENVENIDA, MI ÁNGEL SIN ALAS

Este es el nombre que mi abuela le dio a mi tía paterna. Ella me quitó la ira y me canalizó. Fue un ángel sin alas para mí, mi gurú, mi madre espiritual y mi sabia consejera; ella hacía honor a su nombre.

En vista de la tragedia que vivíamos, mi padre decidió pedirle ayuda a su hermana Bienvenida. Ella vivía en Maracaibo, tenía una niña de 10 años, Nataly, y recientemente había enviudado. Según su relato, papá llegó a su casa suplicándole que se viniera a vivir a Caracas con nosotros para que lo ayudara a cuidar a los niños. Ella guardaba resentimiento hacia él porque hacía poco había muerto su compañero y él no había ido al velorio. Esto era cierto, pero porque nosotros estábamos sumidos en un gran descontrol con la gravedad y agonía de mamá.

Era cristiana evangélica al igual que toda la familia de mi padre; su fe y adoración a Jesucristo eran inmensas. Ella cuenta que al principio le dijo a su hermano que no podía ayudarlo, pero esto era debido a que estaba muy dolida con él. Sin embargo, al acostarse esa noche oró pidiéndole a Jesucristo que le diera una señal a través del sueño, de si debía ir a Caracas a ayudar a su hermano o no.

Su relato prosigue diciendo que esa noche soñó con la imagen de Jesucristo y que de sus ojos emanaba una Luz brillante. Al día siguiente preparó sus maletas y se vino a vivir a Caracas con nosotros. Ella estaba segura de que eso fue una revelación celestial, y yo también. Estoy segura de que ese ser de Luz la envió a nosotros, y especialmente a mí, para ayudarnos. Hoy en día sé que él es mi Maestro guía y muchas posteriores experiencias espirituales en mi vida así lo confirman.

En las otras dimensiones de la existencia en el universo hay habitantes con inteligencia superior. Son llamados Maestros Ascendidos. Fueron mencionados por el Dr. Brian L Weiss en su libro "Muchas Vidas, Muchos Sabios", el cual trata sobre la reencarnación. Existe una infinita inteligencia, una fuerza espiritual inmensa, omnipotente, omnipresente, auto-inteligente, auto-consciente, auto-emanante, que es llamada Dios y que recibe diferentes nombres, como Adonay en la religión hebrea, Jehová en la cristiana evangélica, Yavé en la católica, Atman para los hindúes, el origen, la fuente, Inteligencia Universal, Amada Presencia de Dios, para los metafísicos y el movimiento Nueva Era, Arquitecto del Universo para los masones, Alá para los musulmanes y diferentes denominaciones más en otros tantos cultos. Así mismo existen los Maestros Ascendidos, bien sean orientales u occidentales como Buda, San Francisco de Asís, Jesucristo y muchísimos otros que son guías espirituales invisibles, así como lo son los seres lumínicos: ángeles, arcángeles, serafines y querubines. En realidad, en sus múltiples dimensiones, el universo está muy habitado.

Bienvenida era fanática. Pertenecía a una rama religiosa de los evangélicos llamada Pentecostales y era muy ortodoxa. Encontró en mí, cargada de ira y rebeldía contra Dios, a la más fuerte adversaria y enemiga de su fe. Angustiada por el estado deplorable de mi alma y sabiendo que yo, desde niña, había sido muy apegada a Jesús de la Misericordia, se acercaba a mí con respetuosa y humilde actitud, a consolarme y a aconsejarme para que buscara a Dios, pero yo siempre la rechazaba.

Un día domingo, desayunando, ella se sentó frente a mí y me dijo: "Mamita, ¿Por qué estás tan brava con Dios?, tú no eras así". Con soberbia le contesté: "no me vengas a evangelizar, si Dios existe y es bueno, dime ¿Por qué se llevó a mi madre? ¿Por qué nacen niños minusválidos o enfermos del corazón? ¿Por qué muere la gente? Y si existe, como dices tú, entonces que me hable, porque yo no soy menos que Moisés ni que Abraham ni que los apóstoles, y a ellos les habló". Era como retar a esa fuerza superior. Inmediatamente ella me contestó: "¡Dios sí habla!, habla a través de un sueño, de alguien que te da un consejo sabio, a través de un libro, de un párrafo de la Biblia, de una película que te da un mensaje o de una situación". Inmediatamente vi con mis ojos abiertos, que detrás de ella y por encima de su cabeza había un túnel de Luz y dentro de ese túnel apareció la cara de Jesús, pero lo que más me impresionó fue que de sus ojos salían dos rayos de Luz, tal cual lo describió mi tía en su sueño.

La representación de Jesús que me habían enseñado las monjas era una en que la Luz irradiaba de su corazón, pero nunca se me habría ocurrido que irradiase de sus ojos. Era una mágica sincronía con lo descrito por Bienvenida ¡Y lo habían visto mis ojos y estaba muy despierta! Al ver esto me puse a llorar con un llanto distinto y especial, llenándome de paz y de confort. Es el mismo llanto que a veces observo en algunos pacientes cuando hago las camillas de transfusión de Luz espiritual a sus almas. Hoy sé que es un llanto de amor y de reconciliación con Dios, a través de la representación de Jesús de la Misericordia divina, uno de sus maestros ascendidos. ¡Había salido de la noche oscura de mi alma gracias a Bienvenida!

Desde ese momento una paz y consuelo se apoderaron de mí. Cambió mi carácter y mi amargura desapareció, aunque la profunda tristeza que estaba muy dentro de mí desde la infancia persistía. ¿Hacia dónde quería conducirme ese algo invisible y altamente inteligente? Tiempo después lo sabría.

A lo largo de la convivencia con ella, mi padre, mis hermanos y yo disfrutábamos de su compañía y la de Nataly, su pequeña hija. Así fue resucitando mi fe. Durante muchas noches nos quedábamos hasta el amanecer conversando, analizando pasajes bíblicos y orando. Al cumplir diecinueve años, ya estaba en tercer año de Medicina, y me tocó asistir al hospital Vargas de

Caracas para recibir clases de semiología médica. Ese hospital está anexo a la escuela de Medicina José María Vargas y allí había ocurrido la muerte de mi madre. Cada vez que me asomaba a las salas de hospitalización y veía la hilera de camas con personas sufriendo por enfermedades, recordaba lo que había pasado ella cuando estaba en su agonía y le pedía a Dios que me diera el don de sanación para ayudarlos a ellos como no pude hacerlo con mi ser querido.

Mi tía Bienvenida me hablaba mucho de los dones del espíritu. Me decía que había diversidad de dones pero que el Espíritu de Dios era el mismo, presente en cada uno de ellos, que un don era la manifestación del Espíritu de Dios a través de alguien para provecho de él mismo y de los demás, que a algunos les daba el don de la sabiduría, a otros palabra de ciencia, a otros fe dada por el mismo Espíritu, a otros el don de la profecía o el discernimiento de espíritu o el don de sanidad, pero que siempre era el Espíritu de Dios repartiendo y expresándose a través de esos dones.

Me parecía que si pedía la facultad para curar los cuerpos físicos deteriorados por enfermedades de la materia, iba a poder unir este don con los conocimientos que estaba adquiriendo. Pero ese pedimento no fue satisfecho por Dios y nunca recibí el don de curar cuerpos físicos.

Una noche, estando en la sala de la casa paterna, como a las 11:00 p.m., cuando ya todos estaban durmiendo, percibí un inmenso resplandor frente a mí. Era una Luz incandescente, que casi me enegueció, no tenía forma, cerré los ojos y entonces un pensamiento se introdujo en mi mente y una inmensa paz me inundó. No era una voz, era como un mensaje telepático que me dijo: "Judith, soy yo. Te estoy hablando como hablé a los fariseos en el templo de Jerusalén. ¡Soy el mismo, hija mía! Pides el don de sanidad, pero hay muchos dones. Tú conducirás multitudes y un día irás a un sitio". Fue así como me di cuenta de que Dios sí habla.

Quedé impactada con una deliciosa sensación de bienestar y salí corriendo a contárselo a mi tía. Ella, muy serenamente me escuchó sin mostrar gran sorpresa, como si hubiese sido algo natural y no sobrenatural como yo lo estaba interpretando. Le pregunté: "¿Qué fue eso, tía?" Me contestó: "ha sido una revelación, se te ha manifestado el Espíritu de Dios". Yo le contesté inquieta : "¡qué me quiso decir?" Me respondió: "No necesitas entender mucho, cuando ocurre una revelación así, todo se irá dando a través del tiempo".

En ese momento no podía comprender que me entregaban el don de la palabra para conducir multitudes, que iba a sanar almas a través de la palabra y menos que ese sitio al cual iría se trataba de la Summit University, donde muchos años después me conecté con el conocimiento científico de la realidad de la existencia del alma y su anatomía.

Se lo conté a mi esposo, quien en ese momento era mi novio y no me entendió mucho, aunque no puso en duda mi experiencia, pero no le dio mucha importancia; creyó que se trataba de un sueño.

A lo largo de los años, en algunos momentos recordaba esto y me preguntaba si yo iba a dar sermones a multitudes en una iglesia, pero confiaba en mi tía, quien me repetía: todo se aclarará a través del tiempo.

Continué con mi esfuerzo de estudiar anatomía, fisiología, semiología médica y todas las materias médicas y quirúrgicas. Mi atención se concentró en cumplir las actividades necesarias para graduarme. Lo hacía con tanta intensidad que casi no dormía, estudiando, y esta experiencia espiritual pasó de mi consciente a mi inconsciente y allí durmió por años.

Al transcurrir el tiempo, Bienvenida, el ángel sin alas que Dios me envió, fue envejeciendo y yo adquiriendo más conciencia de las verdades de la vida y de la muerte. Entonces ella abría su mente a estas verdades a través de mí, hasta tal punto que en una conversación sobre la reencarnación yo le planteé que no existía la resurrec-ción de los muertos, pues si todos los muertos que estaban enterrados en todos los cementerios del planeta iban a resucitar, dónde íbamos a caber los humanos. Muy astutamente la llevé a leer la primera Epístola de Corintios de su Biblia evangélica y de una Biblia católica para que se diera cuenta de que las dos contenían la misma enseñanza, tal y como lo aprendí en religiones comparadas en la Summit University y le leí el capítulo 2, versículo 11 que dice textualmente *¿Quién de los hombres conoce las cosas del hombre sino el espíritu que está en él?* A través de este texto le expliqué: "somos espíritu. Ese espíritu es el alma y él conoce todo lo relativo a uno mismo, hasta sus vidas pasadas; por eso es que haciendo hipnosis para conocer esas vidas se logra recordarlas, pues están registradas en las memorias del espíritu humano". Ella me miraba asombrada y más creció ese asombro cuando le leí el capítulo 15, versículo 42 de la misma Epístola, donde se habla de la resurrección de los muertos diciendo: *Se siembra cuerpo animal, resucitará cuerpo espiritual.* Hay cuerpo animal y cuerpo espiritual; le expliqué, con grandes deseos de que su mente se abriera a esta información, que el cuerpo animal es el cuerpo físico, el cual se entierra al morir. Le comenté que el cuerpo espiritual era el alma o espíritu, quien iba a resucitar en un nuevo cuerpo físico, que Dios nos enviaba de nuevo una y otra vez en un nuevo cuerpo, el cual se forma en el útero materno para que podamos evolucionar y ser mejores personas que en vidas anteriores y que a eso se le llama "reencarnación".

Con el amor que la caracterizaba respondió: "Te creo, porque tu rostro resplandece de Luz al explicármelo y así resplandecía el rostro de Jesús cuando enseñaba a los discípulos. Es el Espíritu de Dios, lleno de Luz, quien me dio esa explicación a través de ti. Hoy lo entendí muy bien". Al escucharla quedé impresionada por sus palabras.

Cuando comencé a asistir a las clases de estudio de la mente, la llevaba conmigo en algunas ocasiones y se fascinaba con lo que aprendía.

Cuando la familia estuvo más estable ella se marchó de nuevo a Maracaibo. Pasaba su vida visitándonos en nuestros hogares y en los de sus otras sobrinas, donde era recibida como una bendición. Cada vez que me visitaba era un bálsamo para mí y un derroche de aprendizaje para ambas.

Padecía de estrabismo, enfermedad que hace que uno o los dos ojos se desvíen. A los que la padecen, en Venezuela, se les llama "bizcos". Como consecuencia de una operación quirúrgica perdió un ojo, porque se le infectó y debió colocarse un ojo artificial. Nunca la escuché quejarse o rebelarse. Lo aceptó con tanta naturalidad y sabiduría como lo hizo siempre en todos sus procesos.

Ya anciana, viviendo con su hija Nataly y sus nietos, una madrugada, la sorprendió un intenso dolor de cabeza, producto de la ruptura de un aneurisma que produjo una hemorragia en todo su cerebro. Mi prima me llamó a esas altas horas de la noche para decirme que estaba en coma profundo en la clínica. Yo me levanté y encendí todas las luces de la casa para avisar a mi esposo y a mis hijos. Cuando lo hice las luces comenzaron a titilar como si estuviesen prendiéndolas y apagándolas. Murió dos días después. A mi madre la lloré con desesperación, a mi padre con una paz que me traía el conocimiento del mecanismo de la muerte que había adquirido y de lo que hay más allá de la muerte. A Bienvenida la lloré abiertamente, con mucho dolor y agradecimiento, sabiendo conscientemente lo que estaba viviendo mi ser, porque había sido como mi segunda madre y yo sentía que era el último de mis ancestros conectado íntimamente a mi alma, quien se separaba físicamente de mí. Por eso lloraba con el llanto que sale de las entrañas del alma. Mis hijos me pedían que no llorara y que nos fuéramos ya del cementerio, pero yo fui la última en retirarme; necesitaba ese desahogo que da el llanto sanador, procedente del conocimiento y estado de conciencia de la necesidad del alma que se queda de dar rienda suelta al luto, a la pérdida, pero con serenidad, sin desesperación.

Esta experiencia la narro para explicar la urgencia que tiene el alma de llorar la pérdida de un ser querido y todos debemos comprender esta necesidad. Tu alma necesita comprender perfectamente el mecanismo del dolor y los misterios de la muerte, entender que no estás llorando porque un ser querido dejó de existir, sino porque te estás despidiendo de él y no lo verás, ni tocarás físicamente en esta existencia. Es un proceso natural para lo cual nadie nos ha preparado; al contrario, nos han sembrado la idea de que la muerte es el fin de la vida.

Es imprescindible comprender que la muerte de un ser amado nos deja un vacío, una nostalgia y una tristeza infinita que genera llanto. Muchos quieren ayudarnos en ese momento consolándonos para que no lloremos y tengamos resignación. Pero una cosa es llorar con sabiduría y otra llorar con agonía, una cosa es resignarse y otra aceptarlo consolando a nuestra alma.

Yo estaba cuidando de que mi alma se desahogara del dolor de su pérdida y conduciéndola a ese consuelo. Ya había aprendido a atender las necesidades de mi alma y me llenaba yo misma de amor diciéndome internamente: ¡Alma mía, te amo! Llórala porque la amaste y la amarás profundamente siempre, pero consuélate sabiendo que ella está partiendo a su verdadero hogar y además ¡necesita ayuda! ¡Aplica todo lo aprendido! ¿Sabías que puedes hablarle a tu alma?

Al día siguiente no quise suspender mis actividades pues tenía cita con muchos pacientes que venían del interior del país; muchos de ellos habían perdido a sus seres queridos y necesitaban de mis palabras y de transfusiones de Luz para mitigar el dolor de sus almas.

En la mañana me levanté con una fuerte opresión en el pecho y una tristeza inimaginable, era demasiado grande, tanto que no podía caminar, me sentía muy débil. Mi esposo me sugirió que cancelara las consultas y yo respondí que no. Me acosté un rato y de repente se me iluminó el entendimiento y supe que la carga de tristeza no era mía solamente, que tenía el espíritu de mi tía muy cerca de mí y que yo estaba percibiendo su tristeza y su dolor por dejar a su hija y a sus nietos, sobre todo a su nieto menor que venía de la separación de su padre por ruptura de las relaciones con su madre y estaba muy apegado a él. Pensé: "¡es increíble lo que se siente!" Esto es lo que me refieren algunos pacientes que me vienen con dolor del alma por la pérdida de un ser querido y yo, aunque lo había estudiado, no lo había comprendido cabalmente; necesitaba vivirlo en carne propia.

Ellos me decían que percibían el espíritu de su difunto y que lo sentían llorando. Entonces, viví en persona lo que es una realidad ¡El alma del que se está yendo, también necesita ayuda y a veces llora! Mi tía Bienvenida no se quería ir; estaba muy abatida. Muchos estudios han sido hechos sobre la evidencia de que cuando el alma sale del cuerpo se abre un túnel de luz, que conduce hacia la dimensión que algunos llaman los cielos. Ella no había entrado a dicho túnel.

Ese día, al atender a una paciente a quien se le había muerto su hijo, le pedí permiso para transfundir Luz a mi tía y le hablé directamente a su mente espiritual, le dije mentalmente: "Tía, tú me regresaste el amor a Dios y tu vida transcurrió unida íntimamente a su energía. Es tu hora de irte y lo que te concierne ahora no es lo que dejas sino lo que te espera. Desapégate, que aquí todo estará bien". Sentí cómo entró al túnel de Luz y experimenté un gran alivio y una liberación, sólo quedó la lógica nostalgia por su ausencia. Sé que ella está bien y actualmente su hija y sus nietos también lo están.

Habiendo pasado varios días desde su partida, me llamó por teléfono Melissa, una persona muy especial, quien la había ayudado y acompañado en las tareas del hogar en sus últimos tiempos y a quien yo quiero muchísimo. Me dijo: "Judith, estaba recogiendo las cosas del cuarto de Bienvenida y me dio tristeza el hecho de que no te hubiesen dado su Biblia, pues creo que la hubieses utilizado muy bien porque ella escribía en sus páginas lo que entendía de su sabia lectura y ese saber te ayudaría en tus terapias; pero encontré algo que vale mucho más, es un papelito en el que escribió un mensaje para ti". El mensaje decía: "amadísima Judith, al regresar mi alma a mi primer amor, el que me permitió mi nacer, el que me permitió vivir hasta hoy y me permitirá hablar

contigo o comunicarme en cualquier forma contigo..."
hasta allí escribió, no sé qué me querría decir, en especial
porque no lo terminó de expresar. Estaba escrito en una
letra temblorosa y no fue concluido. Quizás ella presintió
su muerte y ya tenía el dolor de cabeza. No sé en qué
momento lo escribió, pero sí sé que el titilar de las luces
de mi casa fue una forma de comunicación y el pedirme
ayuda en su desesperación al pegarse a mí en su cuerpo
espiritual y hacer que yo percibiera su profundo dolor y
tristeza para que la ayudara, fue otra forma de
comunicación energética.

¡Bendita seas, Bienvenida, en cualquier sitio
donde te encuentres, bien sea en este mundo físico si ya
reencarnaste o en el mundo espiritual si aún no te ha
tocado regresar!

Realmente fuiste un ángel para mí.

MI ALMA GEMELA

José Domingo Campos Silva es mi amor eterno, un hombre gentil, detallista, con un gran sentido del humor, muy tierno, pero a la vez muy fuerte de carácter, muy firme en sus convicciones y con gran autoestima, la cual le fue inculcada por su padre y a su vez, él inculcó a sus hijos.

Mantuve ocho años de noviazgo con él y tengo 36 años como su esposa, es decir, hace 44 años que apareció en la pantalla de mi vida y desde entonces hemos sido inseparables. Cuando la gente habla de almas gemelas equivocadamente piensa que se trata de dos personas que se aman profundamente y cuya relación es perfecta. Muchos pacientes llegan a mi consulta diciéndome que su deseo más grande es encontrar su alma gemela, esperanzados de que al ocurrir esto van a ser felices para siempre porque esto asegura una relación de pareja perfecta, pero no hay nada más lejos de la realidad.

El encontrarte con tu alma gemela puede estar escrito en tu plan de vida o no, además no es idéntica a ti en su forma de ser. Nadie es igual a otro. Viene a ti cuando tu alma necesita evolución a su lado y puede ser muy problemático cuando alguna de las dos almas no ha evolucionado lo suficiente y al no poder superar sus diferencias terminan en ruptura, divorcio o tragedia. Otras veces Dios las reúne para evolucionar a través de experiencias muy difíciles y se mantienen unidas a través de un amor incondicional y del deseo consciente de ayudarse el uno al otro porque, aunque sean almas gemelas, hay un trabajo que realizar. Este es mi caso.

Aprendí mucho sobre las relaciones de almas gemelas a través de mis investigaciones, estudios, terapias a pacientes, pero no tanto como en mi propia relación de almas gemelas. Lo conocí una mañana en Caracas, esperando un autobús que me trasladara a la escuela de Medicina. Él también estudiaba Medicina y según él ya me había observado en el auditorio de clases, pero yo no había reparado en él. Traía puesto un sombrero azul que usaba para ocultar el cabello rapado, pues en esa época como tradición se les cortaba el cabello a los estudiantes varones al entrar a la Universidad. Nuestro contacto se inició con un saludo de "¡hola!", me preguntó la hora y cuál era la clase que iban a dar en la mañana. Yo le contesté: fisiología del eritrocito y luego preguntó mi nombre. Sorprendida por su abordaje le dije que me llamaba Judith y él me respondió que su nombre era "Patroclo" Campos, le creí, aunque me pareció un nombre horrible.

Dos días después me aclaró que su verdadero nombre era José Domingo, esto me dio un gran alivio pues creo que mi alma adora los nombres que me parecen bonitos; pero me molestó mucho que me hubiese dicho un nombre falso por jugarme una broma, ya que a mí no me gustan las bromas. Lo que más me ha molestado de él en estos años de convivencia es su exagerado sentido del humor, pues se puede decir que en todo momento bromea, lo cual indica que mi alma necesita aprender el sentido del humor; eso me ha costado bastante y él ha sido un instrumento para lograrlo.

Al día siguiente, se acercó de nuevo para pedirme prestadas unas guías de estudio. Fue un pretexto para ir a mi casa a buscarlas, saber dónde vivía y pedirme el teléfono. Al tercer día me invitó a desayunar y al cuarto día me llamó por teléfono y me dijo: "tú tienes unos ojos verdes muy bellos, pero muy tristes. Déjame ayudarte. Yo sé que te puedo ayudar". Asustada por su acierto le contesté: "es verdad, tengo una gran tristeza, pero tú no puedes ayudarme; nadie puede hacerlo. Mi mamá tiene cáncer y se va a morir". Él me respondió: "nadie sabe cuándo se va a morir otro. Mi padre tiene un aneurisma en la aorta y los médicos han querido operarlo pero él no lo ha permitido por miedo, aunque le han advertido que puede ser mortal. Por eso, desde niño, todos los días me asomaba a su cuarto para ver si había amanecido vivo, pero no lo hacía los sábados y domingos porque pensaba que en esos días no se moría la gente y él aún está vivo". Él quería transmitirme que sí iba a tener tiempo y poder para ayudarme pues estaba en la situación similar de incertidumbre que genera un pronóstico médico radical de muerte anunciada. Aunque sólo tenía cuatro días de haberme conocido yo percibía en él un auténtico deseo de ayudarme y más tarde pude confirmar que efectivamente, su deseo era auténtico, pues tuvo tiempo para hacerlo , ya que mi madre no falleció en el tiempo pronosticado por los médicos, como ya lo relaté en el capítulo de "Lilia, mi maestra". Finalmente pudo convencerme y yo acepté su ayuda.

No se imaginó mi mente en ese momento cuán grande iba a ser esa ayuda y que ese deseo de ayudarme partía del corazón de mi alma gemela. Desde ese día hemos estado juntos en un proceso de crecimiento que ha incluido momentos de problemas fuertes en nuestra relación de pareja, tragedias familiares, problemas kármicos con su familia, problemas económicos y toda la gama de experiencias que conlleva la convivencia en pareja, todo superado por el amor, el perdón y el deseo de ayudarnos mutuamente. Además teníamos la consciencia de que queríamos permanecer juntos y por lo tanto debíamos trabajar nuestro crecimiento personal. ¡Claro que sí somos almas gemelas!

Su ayuda comenzó al siguiente día de su proposición. Hospitalizaron a mamá y él fue a buscarme a mi casa y a acompañarme al hospital. Su presencia a mi lado siempre fue invalorable durante los últimos meses de vida de ella, pues murió al año siguiente.

Tenemos cuatro hijos y seguimos juntos, él con sus fortalezas y debilidades y yo con las mías. Nos hemos apoyado para llegar a ser lo que somos hoy. Es médico

Neumonólogo y a lo largo de los años ha ampliado sus horizontes en el campo de la inteligencia emocional y el desarrollo humano, ha dictado talleres y cursos en los cuales enseña a vivir mejor, a manejar emociones inteligentes y a cuidar la salud. En esos cursos su sentido del humor es una maravillosa herramienta para el aprendizaje.

Me ayudó a creer en mí misma, me demostró el poder de escuchar. Se quedaba mudo cuando yo le reclamaba insistentemente algo que me había molestado y cuando yo terminaba me decía: "OK, ahora me vas a escuchar porque yo lo hice contigo". Elevó mi autoestima en el proceso de orientar y disciplinar a mis hermanos y como estudiábamos juntos, se unieron nuestras energías para llegar a cumplir nuestra preciada meta de ser médicos. Estuvimos juntos en la universidad, en nuestra pasantía rural, en nuestro primer trabajo como médicos en el interior del país, en el mismo hospital. Luego la vida nos separó cuando él se decidió por el postgrado de Neumonología y yo por el de Pediatría; pero nos volvió a unir cuando, ya especializados, nos convertimos en médicos militares y trabajamos por muchísimos años en la misma policlínica militar. Hoy sé que no es coincidencia; es causalidad.

Su compañía durante el proceso de muerte de mi madre fue especial; él le cerró los ojos cuando su alma abandonó su cuerpo; él se ocupó de todo lo relacionado con el funeral junto con mi abatido padre y era quien recibía las coronas de flores y a la gente; mis hermanitos y yo estábamos imposibilitados para eso, y más aún mi papá.

Asimismo, lo acompañé, dos años después, cuando murió su padre en una intervención quirúrgica a corazón abierto. En ese momento, como éramos estudiantes de Medicina, se nos permitió estar en el quirófano en el área donde los estudiantes observan los procedimientos quirúrgicos; vimos cómo le hacían la incisión en el tórax, cómo desviaban su sangre hacia una inmensa máquina de circulación extra-corpórea, y cómo los médicos introducían en su tórax abierto gasas que sacaban empapadas de sangre. Su papá padecía de un aneurisma que se había roto (dilatación por debilitamiento de una arteria), al igual que mi tía Bienvenida, pero no en el cerebro como ella, sino en la arteria aorta, cerca del corazón. Esto produjo una inmensa hemorragia que generó su partida. Es dramático ver morir a alguien y más a tu padre en esa forma. Siempre mantuve agarrada su mano fuertemente, con un silencio total pues no podía hacer nada más que acompañarlo en su inmenso dolor. Dios me dio la oportunidad de retribuir la ayuda que él me prestó cuando me tocó vivir la experiencia de la muerte de mi madre.

Mi vida con él me enseñó que vale la pena el conocimiento de la ciencia espiritual; dicho conocimiento me hizo comprender que su conducta inmadura era producto de lo mismo que generaba en mí conductas inmaduras cuando me enojaba, o decía palabras duras para ofenderlo cuando me sentía herida; eran generadas por nuestra psicología kármica y enfermiza arrastrada de vidas pasadas, más la adquirida en esta vida por patrones de conducta copiados de otros, bien hayan sido nuestros familiares, maestros o amigos, y todo lo negativo de nuestro entorno.

Un día, obstinada y enojada, le pedí a una amiga mía, abogada, que fuera mi apoderada para pedirle el divorcio a mi esposo. Ella lo citó a su oficina y le participó mi intención. Al día siguiente mi amiga me llamó y me dijo: "¿Judith, tú en realidad quieres divorciarte de ese hombre? Mira, cuando le informé de tu deseo de divorciarte, golpeó el escritorio con su mano grandota y dijo: «doctora, dígale a mi esposa que yo jamás me divorciaré de ella porque yo la amo, que yo podré ser un loco de carretera, pero que yo voy a cambiar»". En realidad debíamos cambiar los dos y así fue. Los dos asistimos a una terapia de parejas que nos ayudó muchísimo y comenzamos a hacer cursos de crecimiento personal y espiritual. Nuestras almas necesitaban que las ayudáramos a sanar viejos hábitos conductuales, karmas, y energías emocionales como rabia, ira, rencores, reproches, resentimientos, sombras del pasado, necesidad de controlarlo todo y tantas enfermedades del alma que ni siquiera, los humanos, nos damos cuenta de que las tenemos. Es un trabajo continuo de evolución.

Me enseñó a ir menos de prisa. Continuamente me dice: "Judith, ve más lento. Napoleón Bonaparte decía ¡Vísteme despacio que tengo prisa!"

Siempre ha estado ahí para motivarme y ayudarme a crecer. Cuando decidí ir a los Estados Unidos para la Summit University me alentó diciéndome: "yo cuido a los niños". Teníamos tres en esa época; no había nacido Samuel. No teníamos fluidez económica, pero me entregó sus pocos ahorros para convertirlos en dólares y apoyarme. Me compró el pasaje, se encargó del hogar y de los niños, incluyendo todo lo relativo a comida y labores domésticas, ayudado por nuestros pequeños hijos, además de sus compromisos como médico militar, ya que la señora de servicio renunció a la semana de yo haberme ido a esa experiencia espiritual. Su mayor felicidad ha sido siempre que yo me realice.

Cuando me operaron de cáncer de mama y me amputaron la mama derecha, un órgano tan vital para la femineidad, al verme en el espejo, lloraba por sentirme amputada y él tiernamente me dijo: "no llores; yo no amo tu cuerpo, yo amo tu alma". Ese fue mi mejor medicamento. Tenía cuarenta y cuatro años y en ese momento comprendí que sí había valido la pena tanto esfuerzo que mi alma había realizado para mantenernos juntos, tanto estudio e investigación para comprender los procesos y la psicología del alma, sus enfermedades y desequilibrios, por lo que aprendí a comprenderlo, enseñarlo y perdonarlo y a comprender, enseñar y perdonar a mi alma.

Un día me tomó de la mano y me dijo: "Pitusa" (así me llamaba él) "¡gracias por enseñarme tanto!" Yo le respondí: "gracias a ti por enseñarme a mí también y sobre todo, por dejarte enseñar".

Hoy, después de más de cuarenta años de habernos conocido, sigo a su lado y aunque a veces todavía por instantes desearía que pensara y actuara igual que yo, sé que esto es imposible; he enseñado a mi alma a ser y dejar ser a los demás. Te invito a aplicar este principio.

Mi alma gemela me ha ayudado con sus fortalezas y yo lo he ayudado con las mías. Todavía continuamos trabajando para aceptar nuestras diferencias "sin prisa pero sin pausa", como bien me diría él. Y así continuamos evolucionando juntos. Sólo sé que mi deseo de ayudarlo es infinito y él me ha demostrado que su deseo de ayudarme es igual al mío.

LA COMANDANTE
DEL ALMA

Mi experiencia como militar también era necesaria para mi formación como médico sanador del alma. Fui médico militar y me retiré con el rango de teniente coronel, el cual es sinónimo en el argot militar de comandante. Recorrí ese mundo estableciendo conexiones entrañables con muchos oficiales, suboficiales, guardias nacionales, sus esposas y sus hijos.

Allí aprendí que más allá del uniforme militar y de actitudes que a veces en algunos eran déspotas y controladoras, se esconde un alma humana con los mismos sufrimientos y procesos que los demás humanos, con las mismas enfermedades y desequilibrios energéticos, con corazones capaces de expresar amor y corazones incapaces de manifestarlo y sobre todo, con una gran necesidad de conocimiento para mejorar la calidad de vida de ellos y de sus familias.

Ingresé con el rango de capitán, siendo médico asimilado, a la Policlínica de la Guardia Nacional como médico Pediatra Neonatólogo, en el año 1985. Allí me dediqué a curar a los niños, pero también tuve la oportunidad de ayudar al alma de muchos militares y sus familiares. A tal punto que hoy en día, aún retirada de esa actividad militar, soy su doctora del alma, incluyendo a los niños que recibí en el momento del parto, quienes hoy en día son adultos y muchos me piden la bendición.

Tuve contacto con hombres y mujeres militares de

gran evolución espiritual y con otros de baja consciencia espiritual, apartados de Dios y con grandes ansias de poder, que menospreciaban a los demás, valiéndose del rango superior que ostentaban. Sin embargo, eso no los salvaba de los procesos propios del alma humana.

En una oportunidad, estando en la Comandancia de la Guardia Nacional, un general muy conocido por su despotismo, me detuvo en medio del patio y me paró firme, me maltrató verbalmente porque yo no me había percatado de su presencia y no lo había saludado correctamente con los ademanes militares correspondientes a su alta jerarquía. Esta escena humillante fue más un maltrato que una observación para recordarme la norma y disciplinarme. Al transcurrir los años, ese mismo general llegó a la Policlínica Militar con su nieto de un año de edad, convulsionando y con una meningitis (enfermedad muy grave de las meninges del cerebro). Yo estaba de guardia y ante mis asombrados ojos me suplicaba que salvara a su nieto. Sólo sentí ese amor misericordioso que siento siempre frente al dolor humano y lo sentí también hacia esa alma despojada de su orgullo y soberbia, en tribulación por la amenaza de la muerte de un ser amado. Percibí que dentro de un cuerpo humano, que viste un uniforme de alta jerarquía, perteneciente a una persona recalcitrante y odiosa, también había un alma capaz de sentir amor y miedo. Recordé a Hitler, quien es señalado por la historia como un ser insensible y despiadado y que ante su evidente derrota se suicidó, pero primero mató a su compañera porque la amaba y temía que la capturaran. ¡Cuántos secretos esconde el alma humana! En este caso Dios me dio la oportunidad de utilizar mis conocimientos para salvar la vida de esa inocente criatura.

En ese ambiente profesional también tuve la oportunidad de conocer personas que mostraban interés por el desarrollo del ser y con deseos de vivir de mejor forma, quienes escuchaban lo que ellos denominaban "mis sabios consejos". Aunque no había alcanzado la formación científico-espiritual que hoy poseo, me doy cuenta de que eso venía programado en mi don de la palabra. A unos los conocí sanos y, en el transcurrir de los años, los asistí en su lecho de muerte, y aún después de esta. A algunos los vi muy capacitados y luego aquejados por enfermedades físicas discapacitantes; a otros los vi jóvenes y fuertes y hoy son ancianos agobiados, tal cual como ocurre en todos los ambientes del acontecer humano. A través de sus vivencias iba adquiriendo un cúmulo de información sobre los misterios de la vida humana y del alma.

Tomé consciencia de que lo que es bueno hoy quizás no lo sea mañana. Hoy estás vivo y quizás mañana no. Ahora estás capacitado físicamente y puede que en un futuro no, que de aquel a quien ofendes o maltratas hoy puedes depender más adelante o necesitarlo incluso después de la muerte. Por eso es que en esta vida necesitamos enseñar a nuestra alma a ser más humana, más solidaria y sensible, que no debemos hacer a los demás lo que no queremos que nos hagan a nosotros, y que deberíamos ser con los demás como nos gustaría que ellos se comportaran con nosotros, que el mal no se devuelve con mal, que las ofensas son ofensas cuando tú las consideras como tales y las conviertes en rencor esperando la oportunidad de vengarte.

He entendido que mi alma necesita no albergar rencor, porque es un veneno, y que la única forma de no permanecer en el dolor y rencor generados por una ofensa es aplicar el principio de la evolución del alma y observar a esa persona como alguien que aún no ha alcanzado la consciencia de la consideración y el respeto a la dignidad humana. Eso sólo se va alcanzando con la madurez del alma.

Voy a contarles algunas experiencias enriquecedoras. Teniendo el rango de capitán, salí embarazada de mi tercer hijo, José Domingo Jr. Fue un embarazo complicado por infecciones urinarias que requerían reposo y tuve un parto muy traumático, ya que el niño venía de pie y en esa época la clínica militar no contaba con los modernos aparatos de ecosonografía actuales. Mi obstetra no se dio cuenta de que venía en esta posición y no previó la cesárea. Fue un parto muy precipitado. Debido a las contracciones uterinas tan fuertes y rápidas, mi bebé salió a través del canal de la vagina, estando yo aún en la habitación. Ya sus piececitos y piernitas estaban fuera del canal del parto. Fue algo muy angustioso. Tuvieron que aplicarme un fórceps de Piper, lo que consiste en aplicar dos paletas a modo de palanca en su cabeza y halarlo. Por supuesto, mi hijo, nuestro primer varón muy ansiado por nosotros, nació traumatizado. Casi no respiraba y el fórceps le había causado una hemorragia intraventricular en su cerebro, algo de lo cual se recuperó totalmente con el tiempo. Pero era un niño recién nacido; requería de muchos cuidados y de la atención de su madre.

Yo estaba en reposo postnatal atendiéndolo, llevándolo al neurólogo y a sus terapias indicadas. Un día recibí una llamada del coronel jefe de personal de la Policlínica Militar donde trabajaba. Al presentarme a su oficina, me exigió reincorporarme de inmediato a mis labores; yo le contesté que me encontraba legalmente en el período de reposo postnatal y además que mi bebé necesitaba de mis cuidados por su condición patológica. Él, inmediatamente en forma pragmática y sin tomar en cuenta mi derecho legal y mi necesidad humana, me respondió que ese no era su problema, que me necesitaba como recurso humano y que yo era militar, debía cumplir su orden y solamente decir "entendido" y reintegrarme al día siguiente. Valientemente le insistí en que yo estaba dentro del marco legal. Él se levantó drásticamente de su silla y me gritó alegando que "nadie me había mandado a parir como una cochina" y que me retirara, pues esto no era objeto de discusión.

En esa ocasión, mi alma se sintió profundamente herida; sentí una puñalada en mi corazón e inmensos deseos de llorar, no sólo por sus palabras sino también porque iba a tener que dejar a mi hijo sin mis permanentes cuidados. Sabía, como militar, que debía cumplir la orden y así lo hice. Sin embargo, en el carro, antes de llegar a casa, lloré tanto que pensé que ya no podía llorar más. Se lo dije a mi esposo, obviando el episodio ofensivo al compararme con una cochina, pues lo conocía muy bien y sabía que esto iba a hacer que se olvidase de su condición de militar y que era muy capaz de ir a reclamarle al coronel. Algo que lo ha caracterizado siempre es su sobreprotección a mí y a sus hijos. Decidí cumplir, y ambos, conscientes de la disciplina castrense, convinimos en que debía asistir al trabajo al día siguiente.

Llamé a mis hermanas y les solicité apoyo y ellas, siempre solidarias, se organizaron para prestarme su ayuda. Así mi hijo no careció de cuidados amorosos y casi inmediatamente encontré a una señora que me ayudó en esa tarea, mientras yo cumplía mi horario de trabajo.

Al poco tiempo conocí a la esposa de ese coronel quien dio a luz una niña en ese centro militar y me correspondió a mí atenderla como su pediatra desde su nacimiento. Nos hicimos grandes amigas. Jamás le hice referencia al episodio que tuve con su esposo. Hasta los doce años de edad de su hija yo cuidé de su crecimiento y desarrollo. Al principio, cuando me encontraba con el coronel, en las ocasiones en que asistí a su hija por emergencias de salud, sentía un callado rechazo hacia él, pero le hablaba a mi alma y la conducía a entender el bajo nivel espiritual de esta persona. De hecho, me dio muestras de que no recordaba aquel incidente que para mí fue tan desagradable; deduzco que para él eso formaba parte de su rutina y formación para canalizar y hacer cumplir sus órdenes.

El entrenamiento que continuamente le daba a mi alma me ayudó incluso a sentir afecto y compasión por él. Después de muchos años, vinieron su esposa e hija a mi consultorio para solicitar ayuda. El coronel había fallecido varios meses atrás y estaban desconsoladas, con un gran dolor del alma por su pérdida y decían que ellas y todos en su casa sentían su presencia. Al mismo tiempo, la joven explicaba la enfermedad de su padre y la gravedad de la misma. Padeció de diabetes. Tuvieron que amputarle una pierna por gangrena diabética. Estuvo mucho tiempo en silla de ruedas y como tenía tan mal carácter, siempre estaba amargado y rabioso por su impotencia. Hasta en sus últimos momentos estuvo renuente a la muerte. Habían visto por televisión una entrevista en la que yo exponía cómo curar el alma uniendo la ciencia con la espiritualidad y explicaba el proceso psicológico que viven las almas en el momento de la muerte, tanto de los que se quedan como de los que se van.

Inicié la terapia de sanación para estas dos almas adoloridas (padre e hija) y, en el transcurso de ésta, por medio de la tecnología espiritual, detecté la presencia del espíritu del padre apegado a este plano en el aura de la hija. Estaba molesto porque no quería aceptar su partida. Trabajando con la camilla de transfusión de Luz espiritual pude sanar el alma de la joven y ayudarlo a él a sentir paz y entrar al túnel de Luz. Así contribuí después de su muerte a sanar su alma. Dios me permitió observar todo el proceso de vida de un ser que generó en mí un dolor del alma y que después de su último suspiro necesitó y dependió de mí para ayudar a su espíritu.

Fue un hombre uniformado y también General quien me ayudó a lograr mi sueño de ir a la Summit University, aunque yo veía esto imposible porque por mi condición de militar tenía que cumplir toda la normativa para obtener un permiso de salida al exterior. Era poco probable que la institución militar me diera una beca para este fin, dado que se trataba de una universidad de estudios espirituales y ellos no iban a entender ni aceptar esto en la década de los años 90, cuando la ciencia espiritual era menospreciada.

Fue algo invisible y sobrenatural lo que llevó a este ser a ocupar el cargo de director de la Caja de Ahorros de la Guardia Nacional, de la cual dependía directamente la policlínica donde yo laboraba. Algo misterioso va moviendo piezas, uniendo a las personas para que ocurra lo que está escrito que debe ocurrir en el cumplimiento de una misión a la comunidad.

Este General estaba afectado por un cáncer de páncreas, había sido intervenido quirúrgicamente y estaba recibiendo quimioterapia. Le había solicitado al Comandante General de la Guardia Nacional que le asignara a ese cargo, pues era bastante cómodo, sin mucho estrés y le permitía mantenerse ocupado y no quedarse en casa. Un día me llamó a su despacho y solicitó mi ayuda. Había escuchado que yo enseñaba a las personas que su actitud proactiva, sus emociones y sus pensamientos positivos podían ayudar en el proceso de curación y deseaba que yo le enseñara cómo hacerlo. Así lo hice durante muchas sesiones y él logró asumir su proceso terapéutico provisto de herramientas adicionales a la quimioterapia y radioterapia y con otra visión de su enfermedad.

Es propicia esta narración para que veamos cómo puede llevarse una enfermedad tan grave de una mejor manera. Pero la muerte tiene su hora como lo he dicho anteriormente y a él aún no le ha llegado porque recuperó su salud y aún la conserva. Él fue quien me otorgó el permiso tan ansiado por mí y sus palabras fueron: "Dios te puso aquí para que me ayudaras y me puso a mí para ayudarte". Esta era un alma de alta evolución.

SAMUEL Y MI PRUEBA DE VIDA

Samuel llegó a mi vida en un momento trascendental. Salí embarazada inmediatamente después de haber regresado de lo que yo llamo mi viaje de descubrimiento de los misterios del alma en la Summit University, experiencia en la cual tuve la oportunidad de aprender que el alma se enferma y necesita curación. También adquirí un conocimiento profundo sobre todo lo relacionado con el espíritu, tema que fascina a unos e inquieta a otros.

A los tres meses de mi regreso a Venezuela, me descubrí una tumoración en el cuadrante supero-externo de mi mama derecha y los ganglios aumentados de tamaño en la axila. Mi esposo y yo fuimos de inmediato a consultar con un médico amigo, quien nos dijo que además de esa patología, observaba que mis mamas presentaban las características propias de un embarazo. Respondí que eso era imposible, no podía estar embarazada pues tenía cuarenta y cuatro años, usaba un dispositivo intrauterino como método anticonceptivo y mi último hijo tenía diez años, además de que yo no estaba preparada para tener otro hijo pues tenía muchos proyectos profesionales.

Me realizó una biopsia y una prueba de embarazo cuyos resultados fueron sorprendentes para mí. La biopsia reportó Adenocarcinoma Infiltrante de mama derecha, cáncer sumamente agresivo, y la prueba de embarazo resultó positiva. Estaba ante la vida y la muerte, con una amenaza de muerte para mí y una oportunidad de vida para el bebé.

Al mostrarle los resultados, mi médico tratante, quien se había graduado en la universidad con mi esposo y conmigo y en quien teníamos absoluta confianza en su preparación médica oncológica, quedó muy preocupado. Con todo su profesionalismo y un gran deseo de protegerme y de salvar mi vida, dados los vínculos afectivos que nos unían, me manifestó que ese cáncer era muy peligroso, que hacía metástasis rápidamente. Recomendó una tumorectomía, la cual consiste en extraer sólo el tumor para poder conservar la mama y aplicar radioterapia y quimioterapia de las más fuertes. Esto afectaría con toda seguridad al feto, pudiendo la radioterapia generar una malformación, o que el bebé no soportase la quimioterapia. Podía fallecer dentro de mí, infectarse y por ende, también yo. Recomendaba un aborto terapéutico como prevención. Se imponía cuidar mi vida, ya que era madre de tres hijos que me necesitaban. Sin pensarlo mucho, contesté que no iba a hacer eso, que todo menos un aborto. Si no estaba buscando salir embarazada, consideraba que ese ser me lo había enviado Dios, a pesar de que no estaba en mis planes, y que yo decidía tenerlo. Siendo médico, asumí no tomar la conducta terapéutica que él me estaba sugiriendo y decidí hacerme una mastectomía radical con vaciamiento ganglionar axilar porque así se podía reducir la cantidad de radioterapia y quimioterapia y no hacerle daño al bebé. Prefería quitarme toda la mama y si hacía falta la otra, los ganglios enfermos y los sanos también. Me quitaría hasta los ojos si fuese necesario, todo menos el bebé, y si él no estaba de acuerdo conmigo, yo buscaría otro cirujano oncólogo.

Sin embargo, él me refutó: "¡estás equivocada! Los riesgos son muchos por lo invasivo del tumor. Es mejor aplicar quimioterapia y radioterapia al máximo, incluso por tu edad". Le respondí que aunque existiese el riesgo de que mi hijo, debido a mi edad, naciera con Síndrome de Down, yo lo aceptaría. Cuando me dijo: "¡te vas a morir!", le respondí: "la vida me enseñó que los médicos no somos dioses y no podemos predecir la muerte, pues esa hora está escrita. Aunque me pongas la mejor quimioterapia o radioterapia, si me toca morirme, así será. Pero si no me toca y me entrego porque me deprimo, me rebelo, me amargo y no le doy poder a ese tratamiento, se adelantará esa hora, pues mi sistema inmunológico se debilitará más y las defensas de mi organismo no ayudarán a mi curación. No pienso hacerlo, pues todo lo que he pasado en esta vida me ha hecho desarrollar fortalezas y yo soy más fuerte que el amor, y el amor es lo más fuerte que hay en el universo".

Me respondió con tono de reproche que mis argumentos no eran científicos y yo le expuse que eran tan científicos como los suyos. Ambos éramos graduados de la misma universidad y con dos postgrados. Él era médico internista y oncólogo, mientras que yo era pediatra y neonatólogo, pero con una diferencia, yo manejaba la ciencia del cuerpo y la ciencia del alma. Por mi conocimiento científico espiritual, decidí no practicarme un aborto, pues no deseaba quitarle la oportunidad a un alma de venir al mundo físico a tener una experiencia de vida para evolucionar. Eso no me lo habían enseñado en la escuela de Medicina.

Asumida mi posición, otro cirujano me operó y la quimioterapia y radioterapia fueron más leves para no hacer daño al ser que estaba dentro de mí. Agradezco muchísimo el deseo de protegerme de mi amigo médico, aplicando su protocolo de curación del cuerpo físico pero yo tenía que aplicar mi protocolo científico-espiritual.

Una prueba de vida es un momento crucial en el cual se tienen que tomar decisiones de vida o muerte, donde se ponen a prueba nuestras aptitudes y conocimientos como en este caso. Cuando el doctor me planteó la necesidad del aborto, si no hubiese tenido el conocimiento de los misterios de la vida, de que cada alma reencarna para cumplir el propósito de su evolución espiritual y si no hubiese atendido a tantas pacientes después de haberse practicado abortos no terapéuticos, con dolor del alma, sentimientos de culpa y atormentadas a veces durante años porque sienten que les han quitado la vida a un hijo, quizás mi decisión hubiera sido proceder al aborto terapéutico. Si lo hubiese hecho estuviese sana y viva como lo estoy hoy (estoy absolutamente segura de que no me tocaba morir), conservaría la estética e integridad femenina de mi cuerpo, pero los remordimientos y sentimientos de culpa no me permitirían vivir en paz.

Con el tiempo, me convenzo cada vez más de la importancia de transmitir conocimientos y experiencias para ampliar consciencia con relación al nuevo paradigma del alma y sus necesidades. Gracias a mi preparación pude darme cuenta de que el alma de Samuel, mi cuarto hijo, me necesitaba. Años después, he descubierto que mi familia y yo lo necesitábamos pues vino a alegrarnos y a acompañarnos.

Hoy Samuel tiene dieciocho años y es completamente sano.

MI ALMA Y LA ENFERMEDAD

Después de la intervención quirúrgica, no lo pasé muy bien. Yo había decidido la mastectomía radical, la cual es una amputación de algo tan vital para la mujer y no deseaba ponerme prótesis, pues eso iba a alargar el tiempo quirúrgico y no quería ese riesgo para el bebé. El impacto psicológico fue fuerte para mí, aunque yo me creía muy valiente. Además, el malestar del embarazo, más los síntomas del cáncer eran fuertes, había perdido muchísimo peso y durante la gestación seguí adelgazando; los vómitos y la molestia por el adormecimiento que queda en el brazo después de un vaciamiento axilar eran intensos. Éste se me inflamó por la disminución del drenaje linfático.

No tenía apetito y la sensación psicológica de amputada era fuerte. Trascendí esa sensación gracias a mi esposo, que, como lo referí anteriormente, cuando me daba pena que me viera y lloraba, me reconfortaba con sus palabras. Hasta el día de hoy me ha hecho sentir la mujer más bella del mundo, hasta el punto de que no me ha interesado para nada una prótesis.

He dedicado mi tiempo al entrenamiento más efectivo: las vivencias con mis pacientes. La enfermedad me enseñó el poder del amor en el proceso curativo; mis hermanos, mis hijos y mi esposo me lo daban y yo lo sentía como un bálsamo.

Cuando me dieron el diagnóstico y llegué a mi

casa esa noche, caí en la trampa mortal del ¿Por qué a mí? Lloré con rabia y me pregunté ¿Por qué me estaba pasando eso?, ¿Por qué? si yo era tan buena, si había ayudado a tanta gente, si era guía espiritual de muchos. ¿Sería quizás que me iba a morir igual que mi madre? Esa reacción propia del alma me duró sólo unos instantes, enseguida comencé a aplicar mi entrenamiento y me dije a mí misma: "ya tú sabes que Dios no manda enfermedades ni se lleva a la gente cada vez que quiere, esto es un proceso de vida. Además, tu madre era un alma y tú eres otra. Ella tenía su manuscrito de vida y tú tienes el tuyo, ella tenía sus karmas y tú los tuyos, lo que le pasó a ella no tiene porqué pasarte a ti. No tienes porqué caer en otra noche oscura del alma, lo peor que te puede pasar es apartarte de tu conexión con Dios". Fue así como encontré la serenidad. Hablé con Dios y le dije: "acepto este proceso. Revélame las causas y dame la fortaleza para llevar adelante esta situación". Después de la operación comprendí el porqué: causas genéticas, factores de estrés, entre otras. Había llevado una vida muy atareada con guardias intensas y seguidas como médico y militar, el estrés propio de atender recién nacidos críticamente enfermos (lo cual involucra muchas responsabilidades), los karmas familiares de mi esposo y las discordias entre él y su familia me afectaban mucho; la intensa actividad de cursos y talleres de crecimiento personal y espiritual, el fuerte impacto que representó para mí dejar a mis tres hijos y a mi esposo e irme a buscar instrucción espiritual a otro país, dejar a mi hijo

José Domingo Jr., quien sólo tenía diez años de edad, llorando por mi partida con un llanto del alma que me acompañó todo el tiempo, sentimientos de culpa, viejos resentimientos guardados en el chakra del corazón durante años, dolores del alma que no habían sido sanados, rabia contenida desde hacía años porque mi esposo no era como yo quería que fuese...

Comprendí la importancia de sanar el alma, de aceptar a los demás como son, de no cargar los karmas de los demás y del perdón como mecanismo de sanación. No me había dado cuenta de que no había perdonado a mi esposo por errores de inmadurez, no había perdonado a mi padre por su debilidad, no había perdonado a mi madre por haberse muerto y haberme dejado la carga de seis niños (contando a mi padre, pues él era otro niño), no había perdonado a mi hermana por haberse ido a Chile, en fin, no había sanado mi alma de tantos dolores. Y entonces comprendí que no es lo mismo ayudar y enseñar a otros por lo aprendido en una universidad o a través de experiencias de los demás, que por lo vivido y experimentado en carne propia.

Tuve que pasar por esta enfermedad para internalizar que mi alma estaba enferma desde hacía muchísimo tiempo y que cuando se enferma el alma y no se le atiende, tarde o temprano se enferma el cuerpo.

MI ALMA SOY YO

La palabra alma es fascinante para mí; me genera un estado emocional especial. Realmente siento una verdadera pasión por su estudio y por sus enfermedades y un deseo indescriptible de curarlas.

Intento llevarte al entendimiento de lo que es el alma, de sus dolencias y de sus carencias a través de mi propio vivir y el de mis pacientes, vistos desde lo cotidiano de la vida y no a través de conceptos complicados, pues aprendemos más rápidamente desde la sencillez y desde el impacto que nos causan los dramáticos casos de la vida real.

Me fue difícil llegar a una definición sencilla del alma, pues generalmente nos referimos a ella en forma abstracta. Siempre que empiezo una sesión de curación le pregunto al paciente: ¿Qué es el alma para ti? Algunos me responden: "es mi esencia"; otros me han dicho que es la consciencia o que es Luz; uno me contestó que era algo que estaba dentro de él y que dolía mucho; me dijo: "es como un órgano no físico que no sé donde está, pero duele". Una señora simplemente la definió como una energía; una adolescente la conceptualizó como lo más profundo del ser; una anciana respondió: "es algo que no se ve, pero se siente muy adentro".

Otros se van hacia el área emocional, uno de ellos dijo: "alma son los sentimientos buenos y malos". Una niña de diez años, en forma magistral, contestó con un relato diciendo: "el alma es como un humo", yo le pregunté por qué decía eso y muy naturalmente continuó diciendo: "porque cuando murió mi abuela yo estaba allí y vi como un humo salir de su cabeza".

El alma fue definida por muchos como algo que está dentro de ellos. Algunos dijeron: "es algo que no es palpable", "es algo que está dentro de mí pero no sé donde, sólo sé que la siento". En fin, la mayoría de las personas sabe que el alma existe, pero no saben donde ubicarla. Otros niegan su existencia. Un día llegó a mí un paciente abogado, profesor de lógica de una universidad, tenía un cáncer de riñón y había recibido tratamiento oncológico. Le pregunté qué lo había motivado a solicitar una consulta conmigo y me señaló que él había recibido su tratamiento, pero no había mejorado y un amigo suyo le había dicho que quizás tenía enferma el alma y por eso el tratamiento no lo había ayudado como lo esperaba; por ello le recomendó que buscara a la doctora del alma. Me expresó que con él yo iba a tener problemas pues no creía en el alma. Sabía que estaba frente a una persona no creyente y no quería entablar una discusión sobre la existencia del alma. Además deseaba ayudarlo y tenía herramientas para hacerlo; lo podía llevar hacia el área de cómo sus emociones negativas habrían podido influir en que su sistema inmunológico no lo hubiese ayudado a potenciar el tratamiento que había recibido, sin tener que decirle que era su alma la que sentía esas emociones negativas. Pero se me presentó la oportunidad de acercarlo a la existencia del alma como una verdad preguntándole: "¿Se le ha muerto a usted algún familiar?" Él respondió: "sí, mi madre". Suavemente le dije: "y alguna vez en este proceso de su enfermedad o en algún momento dramático de su vida, después de que ella murió, ¿Usted le ha pedido ayuda? Le ha dicho mentalmente ¡ayúdame mamá! o ¡acompáñame mamá! o ¡te extraño mamá!". Respondió inmediatamente: "¡sí, claro que sí!". Le contesté: "si su madre ya no existe porque usted dejó su cuerpo enterrado en el cementerio, ¿Por qué hace eso?, ¿Acaso no se ha dado cuenta de que le ha pedido ayuda al alma de su madre? porque eso es lo que perdura después de la muerte". Él se quedó pensativo por un momento y me dijo: "doctora, ¡usted me está haciendo dudar de mi creencia de que el alma no existe!". Esta persona abrió su mente a la posibilidad de la existencia del alma, lo cual le permitió ser más receptivo a mis terapias.

Muchas veces la gente se complica estableciendo la diferencia entre alma y espíritu, pero realmente son lo mismo. Esto lo podemos entender mejor si nos remitimos a la filosofía hindú que lo simplificó explicando que al ser se le denomina alma cuando está dentro del cuerpo y espíritu cuando sale de él, en el momento de la muerte.

El alma eres tú, el alma soy yo. Si yo no tuviese alma, mi cuerpo estaría vacío y no pudiese escribir este libro. El alma se asoma a través de los ojos para percibir el mundo terrenal; por eso dicen que los ojos son la ventana del alma. Es ese espíritu que va a salir de nuestro cuerpo físico cuando muera. Lo que muere es el cuerpo, no el alma. Ese espíritu es quien piensa, llora, ríe, se enfada, siente miedo o esperanza; no es "algo" que está dentro del cuerpo, es más bien "alguien" que está dentro de un cuerpo y que expresa sus pensamientos y sentimientos a través de él.

El alma es la persona y tiene la capacidad de autoreconocerse subconscientemente. Cuando digo "me duele el alma", sé que soy yo quien está sintiendo una sensación de opresión, algo que sólo puede describirlo quien lo ha sentido y se siente en el centro del pecho, exactamente en lo que denominamos el chakra del corazón.

Cuando alguien me da un regalo que me gusta muchísimo y le digo "¡gracias, esto es un regalo para mi alma!", yo sé que es a mí a quien le ha fascinado el regalo. "No tienes un alma, eres un alma" quien algún día se marchará a su mundo espiritual de origen, cuando así le corresponda. Estás en este mundo físico en un viaje a través del cual tendrás experiencias de vida y en ese viaje puede enfermarse tu alma al igual que tu cuerpo, En el territorio físico, así como hay virus y bacterias, también hay energías contaminantes: emocionales, mentales y paranormales que pueden infectar tu alma.

De ahí la importancia de reconocerte como alma, para que puedas atender tus necesidades y adquirir conocimientos con el objetivo de dar alimento espiritual, protección y poder prevenir y curar las enfermedades del alma.

Tu alma requiere el reconocimiento de esta verdad, la cual es un nuevo paradigma que conlleva a darse cuenta de la nueva visión del siglo XXI que brinda la ciencia espiritual. Necesitamos no sólo médicos del cuerpo físico, sino también médicos del alma. La curación del alma no sólo se refiere a curar los desengaños amorosos, las tristezas, las penas, depresiones, melancolías, sino que también el alma tiene una configuración, una anatomía energética, unos órganos que son los chakras y un campo energético llamado "aura", los cuales pueden ser fracturados, infectados o contaminados, cayendo así en patologías que enferman esta anatomía y que a la larga pueden producir síntomas en el cuerpo físico, como lo veremos más adelante.

Es cuestión de ciencia, no de empirismo espiritual. El alma es el cuerpo espiritual dentro del cuerpo material y todos necesitamos que desaparezcan las sombras de la ignorancia sobre el tema de la nueva ciencia espiritual y de la enfermedad del siglo: El Desequilibrio Energético del Alma.

EL VIAJE DEL ALMA A SU VERDADERO HOGAR

El objetivo de los capítulos anteriores ha sido llevarte al entendimiento de las experiencias espirituales a través de las mías, y ayudarte a armar el rompecabezas del misterio del alma y de sus procesos, tanto en el más acá como en el más allá.

Cuando tuve la experiencia en mi adolescencia con la presencia luminosa que susurró en mi mente: "Tú conducirás multitudes y un día irás a un sitio", jamás me imaginé que el sitio iba a ser la Summit University, en la cual me di cuenta de la realidad de la existencia del alma, de las experiencias paranormales, de la psicología enfermiza arrastrada de vidas pasadas, de los dolores del alma y de las evidencias de dimensiones o mundos paralelos de existencia, tanto de Luz como de oscuridad que pueden beneficiar o perjudicar al alma. Amplié mi visión para poder ser, además de médico, una curadora del alma. Mi mente nunca supuso que iba a conducir multitudes hacia el conocimiento del alma y su curación, incluso a través de este libro que es un sendero para el descubrimiento de las realidades y necesidades de ésta.

Mucho he aprendido a lo largo de mi vida sobre este tema, pero lo mejor lo he ido descubriendo en las terapias con las experiencias de los pacientes. Hoy me sorprendo de estar escribiendo sobre lo que no está escrito en un forma científicamente sencilla. He percibido la existencia de vida después de la vida, y actualmente para mí no es una suposición, es una certeza.

El alma o espíritu penetra a través del tope de la cabeza del bebé, a nivel de la zona débil y blanda que se toca en el recién nacido llamada fontanela o mollera, entre el segundo y tercer mes del embarazo, y procede de nuestro verdadero hogar (otra dimensión que la gente ha llamado popularmente los cielos). Lo hace cuando se ha pasado de la etapa de embrión a feto y ya está formado el corazón. Trae una conexión con la energía nutriente de Dios denominada cordón de plata. Esa energía se ancla en el corazón y genera el latido cardíaco (Figuras 1 y 2).

Tenemos dos cordones umbilicales: uno físico y uno espiritual (Figura 3).

El cordón umbilical físico une el cuerpo del feto con la placenta materna y por esta vía la sangre de la madre lo nutre. Éste es cortado por el obstetra en el momento del nacimiento.

El cordón umbilical espiritual, llamado cordón de plata, cuya luz se ancla en el corazón (Figura 4), es cortado por un ángel luminoso en el momento de la mal llamada muerte (Figura 5). Muchos lo llaman el ángel de la muerte y lo representan con una túnica negra, sin embargo esto es sólo imaginación.

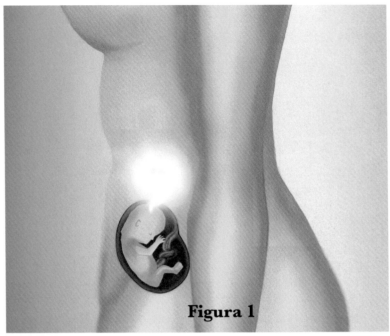

Figura 1

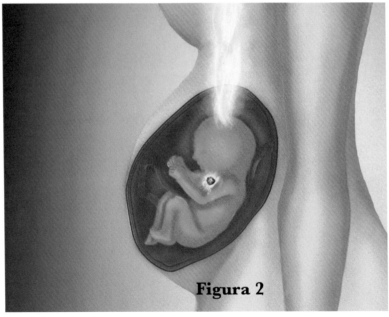

Figura 2

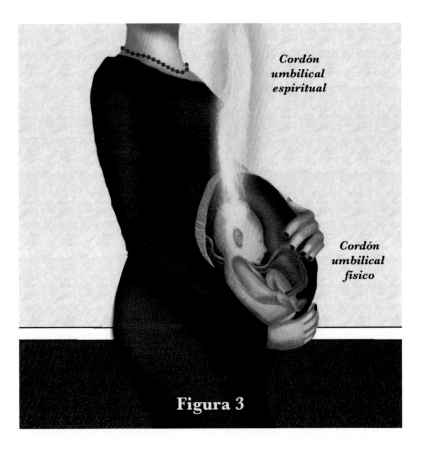

Cordón
umbilical
espiritual

Cordón
umbilical
físico

Figura 3

Muchos lo identifican con el arcángel Miguel, a quien en la ciencia angeológica se le llama arcángel protector de la Luz del alma. Cuando esto sucede, se apaga la Luz del corazón, cesa el latido cardíaco y el alma o espíritu sale del cuerpo por el tope de la cabeza, el mismo punto por donde entró (Figura 6). Ese cordón umbilical es cortado en ese momento y no hay distinción de raza, religión, ideología, ni cualidad de bondad o maldad de la persona. Por eso dicen que a cada uno le llega su hora y ésta ya está escrita, como ya lo comentamos en capítulos anteriores.

Figura 4

Cuando el médico ausculta al paciente y anuncia que ya no hay latido cardíaco, esto significa, desde el punto de vista espiritual, que ha sido desconectado el cordón de plata de su conexión con el corazón y a partir de ese momento no hay energía en el cuerpo. Sin embargo, el alma que está saliendo del cuerpo, ve, escucha e incluso es capaz de observar su propio cuerpo (Figura 7).

Figura 5

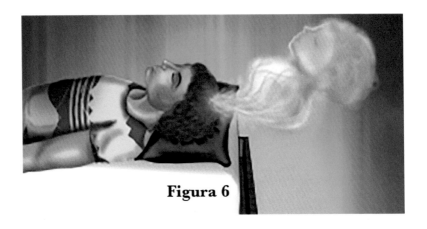

Figura 6

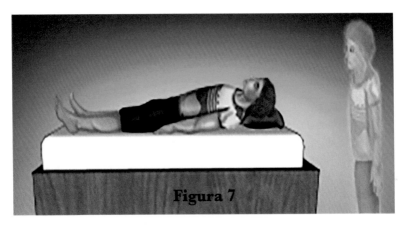

Figura 7

El espíritu que eres tú y que soy yo, saldrá con su mente, su psicología personal, sus emociones y sus apegos. Si estaba triste, saldrá triste. En mi experiencia personal he visto cadáveres llorar, he visto brotar lágrimas de sus ojos cerrados y quizás algunos de ustedes también habrán tenido esa experiencia.

Mi ex-cuñado, fallecido trágicamente; anduvo en

malos pasos y fue asesinado por ajuste de cuentas. Su vida fue muy tormentosa. Debido a eso no compartió con mi sobrina, su única hija. Cuando ella se asomó a la urna para verlo, comenzó a gritar diciendo que su papá estaba llorando y efectivamente verifiqué que salían de sus ojos lágrimas muy gruesas. Hoy que conozco la conexión mente-cuerpo-espíritu, sé que su cuerpo espiritual aún estaba conectado energéticamente a su cuerpo físico y que sus pensamientos y emociones eran de dolor y arrepentimiento por la vida que había llevado y por haber abandonado a su hija, a quien amaba. Quizás estaba pensando, como le pasa a muchos: ¿Qué hice con mi vida? Lamentablemente, ya no tenía tiempo para rectificar. Los pensamientos generan energía buena o mala, bien sea estando dentro del cuerpo físico o fuera de él. Al morir dicho cuerpo el alma no muere y sigue pensando; ese cuerpo espiritual contiene la mente y como aún había conexión energética, esa energía mental emocional, estimuló las glándulas lagrimales, las cuales aún contenían lágrimas, pues el cadáver estaba fresco, esto generó el fenómeno que expresaba el dolor de su alma.

¿Quién iba a pensar que el alma, estando fuera del cuerpo, podía sentir tristeza, arrepentimiento y dolor emocional?

Con el avance de la era del despertar espiritual y de su ciencia y tecnología, estoy segura de que dentro de unos años habrá un gran desarrollo en los estudios científicos acerca de la psicología y afectividad del alma en el momento de abandonar el cuerpo. Muchos somos pioneros en este campo y la historia nos ha demostrado que todo lo nuevo, difícil de aceptar al principio, con el tiempo y con la aplicación de la metodología científica se convierte en una realidad que estaba oculta al ser humano. Si la persona fue asesinada, su espíritu sale turbado y pensando: "¿Qué me pasó?" y quizás corra detrás del asesino. Lo mismo ocurre si murió como consecuencia de un infarto o por un accidente de tránsito.

A mi consulta asisten muchos videntes que están muy perturbados, algunos desde su infancia, pues perciben actividad para-normal. Llegan buscando ayuda, porque esto está desequilibrándolos emocionalmente. El clarividente, como su nombre lo indica, ve más claro que los demás, es decir, puede ver lo que los demás no ven. Puede ver personas muertas, sentir presencias, percibir sombras oscuras, escuchar voces, soñar con difuntos (quienes les hablan en sueños), leer el tarot, leer manos, tener sueños de cosas que van a pasar (sueños premonitorios) y hasta saber cuándo va a morir una persona. Esto es debido a que han traído de vidas pasadas muy desarrollado lo que llaman el chakra del tercer ojo, chakra de la frente, o sexto sentido. En algunos casos, ellos me han ayudado con sus relatos a comprender mejor lo que ocurre después de la muerte.

Luis Alfredo, paciente de once años, fue traído a la consulta por su madre. Ella estaba preocupada, decía que veía muertos desde muy pequeño. Lo había llevado a consultas esotéricas sin haber obtenido mejoría. Al entrevistarlo, me confesó que últimamente estaba viendo a un muchacho que le pedía ayuda pues había muerto en una tragedia de inundación, le decía que se llamaba Leonardo y que no quería estar muerto. También veía a una mujer diciéndole que ella no podía estar muerta porque tenía un bebé (probablemente murió en un parto).

Una madre me consultó porque su hijo se había suicidado y como ella era vidente, lo veía y él mentalmente le pedía perdón.

Jenny ha sido una de las videntes más impresionantes que ha llegado pidiéndome ayuda. Ella me relató que su cuñado, quien murió en un accidente de tránsito, se le presentó preguntándole qué le había pasado.

En el momento de la muerte, algunas personas salen del cuerpo muy perturbadas, todo es muy confuso para ellas. El alma necesita un tiempo para reconocerse; está aturdida, procurando explicarse a sí misma su situación. La lucidez de su mente y las memorias le vuelven a medida en que se extingue la conexión energética con la materia; al desprenderse totalmente del cuerpo es más probable que se disipe la confusión de su pensamiento. La duración de la turbación sucesiva a la muerte es muy variable, pueden ser horas, meses o incluso muchos años. Todo depende de la personalidad del individuo y del tipo de muerte.

Ana María, una vidente, me consultó debido a que su mejor amigo había fallecido por un infarto en el momento en que se estaba comiendo un sándwich. Ella narró que, habiendo pasado un mes del deceso, entró a su casa y lo vio sentado en el sofá. Inmediatamente le dijo: "¿Qué haces aquí? ¡tú estás muerto!" Él respondió: "¡no! ¡tengo hambre, prepárame un sándwich!" En este caso, su mente aún percibía la sensación de hambre y el deseo de comer que tenía en el momento del infarto mortal.

Como médico curador del alma, me llegan decenas de pacientes cuyo motivo de consulta es un intenso dolor del alma por la pérdida de un ser amado y muchos me relatan experiencias para-normales. Muchos me refieren sensaciones olfativas como el olor a la colonia que usaba su familiar.

Claudia había quedado viuda y con dos hijas, su esposo había hecho la transición por cáncer de lengua. Ella refería que además de su gran pena y tristeza, sentía que de noche él se acostaba a su lado, la abrazaba y podía sentir su olor. Su hija de nueve años lo había visto parado en la puerta de la cocina. Esto es muy interesante y pertenece al campo de la percepción extrasensorial. Ella estaba impactada; pensaba que como su esposo era muy católico, él ya moraba en el cielo y no debía estar vagando. Se hizo necesario explicarle que la religión no tiene nada que ver con la entrada de la persona desencarnada a los planos de la Luz, pues eso es un proceso en el cual influye la psicología y el apego de ese ser. Su esposo estaba muy apegado a su familia y lo más probable era que estuviese muy preocupado por la situación en la que habían quedado ellas, siendo esta la razón por la cual quedó vagando.

A través de mis experiencias cotidianas en las terapias de curación y equilibrio del alma he podido observar que ese ser que aún vive estando en ese plano espiritual, puede comunicarse durante el sueño en algunos casos. En ese momento la actividad cerebral ha disminuido y se abre una puerta entre la dimensión física y esa otra dimensión. Esto ocurre cuando el receptor del mensaje tiene facultades de percepción extrasensorial.

Luis Alberto, un paciente atribulado porque su sobrino había sido asesinado, me refirió que cuando dormía, en su sueño, hablaba telepáticamente con él y este le había contado quién era su asesino. Esto le generaba una gran angustia y desequilibrio emocional, sumados a la pena que sentía por su pérdida.

Me he dedicado a investigar todo lo relativo a este proceso de partida del alma en la mal llamada muerte; en mis terapias se me abrió un portal de información acerca de este misterioso proceso al escuchar los relatos de los pacientes y conocer la avalancha de casos que me comenzaron a llegar después de las entrevistas de TV y de los cursos en los cuales yo informaba sobre los desequilibrios del alma y su forma de curarlos.

En su libro "El destino del Alma", Michael Newton, doctor en Psicología, con una Maestría en Hipnoterapia y miembro de la American Counseling Association, considerado pionero en desentrañar los misterios de nuestra vida en el mundo espiritual, expone sus investigaciones realizadas en pacientes a través de regresiones espirituales. Es experto en el campo de la memoria clínica del alma y en la cosmología de la existencia después de la muerte. Muchas de sus conclusiones coinciden con la información captada por mí a través de las experiencias vividas en las terapias de curación del alma. Fue sorprendente comprender a través de los contactos de mis pacientes con sus seres queridos fallecidos, que las personas que están saliendo de su cuerpo físico en su cuerpo espiritual pueden estar seriamente afectados a nivel psicológico, aún después del momento de la muerte. Es por esto que se hace necesario prestar ayuda tanto al alma que se queda, como a la que se va. Lo más interesante es que no importa si la persona es atea o profundamente religiosa, la confusión y el dolor se presentan independientemente de esto. El Dr. Newton formuló un modelo de trabajo y reunió un gran volumen de casos de pacientes con el objeto de descubrir los secretos del mundo del espíritu y de cómo es morir. Hipnotizaba a sus pacientes y escudriñaba dentro de sus memorias espirituales para sintonizarse con el momento de su partida en vidas pasadas. Así descubrió que si el alma tiene madurez, conocimiento y entrenamiento espiritual, la salida es menos traumática psicológicamente e incluso puede ser pacífica. Se siente hasta libre; no se queda vagando ni unida a sus familiares y rápidamente va al túnel de Luz. A otras almas les toma un tiempo adaptarse a esta situación, sobre todo si no tenían conocimiento espiritual. La angustia del alma que se va aumenta cuando los familiares les piden ayuda o los atormentan con sus tribulaciones.

La anciana madre de mi cuñada Ana Luisa era un ser especial, bondadosa, amorosa y con un gran amor a Dios; además tenía un gran conocimiento espiritual. Se le diagnosticó un cáncer de páncreas muy avanzado, no susceptible de tratamiento quirúrgico. Ella sabía que iba a morir y lo aceptó. Reunió a toda su familia mandó a llamar a quien necesitaba de su perdón y a quien ella necesitaba perdonar; les dictó a sus nietas la receta del arroz con leche, un postre que ella hacía con maestría y les dijo a sus seres amados: "cuando yo esté con Dios le voy a pedir que me deje comunicarme con ustedes a través de un arcoíris y cada vez que vean uno, sabrán que yo me estoy comunicando con ustedes desde el cielo". Años después murió su hijo y estando en la funeraria, pudimos ver en el cielo un arcoíris sin haber llovido. Todos supimos que ella estaba diciéndonos: "aquí estoy yo y Dios me dio permiso para recibir a mi hijo".

Experiencias como éstas y las descritas en este libro me enseñaron más que los estudios científicos y las he utilizado para que puedas darte cuenta de que tu alma te necesita, no sólo para que la ames, la cures de sus dolores, de sus penas, de sus rencores, de las sombras del pasado, sanes su psicología personal, sus chakras y su aura, sino que también te necesita para que la instruyas, la eduques... Así, al momento de partir a su verdadero hogar, saldrá del cuerpo con madurez espiritual.

Mi intención es abrir las puertas espirituales de tu mente para ayudarte a entender lo que existe y desconoces o no entiendes sobre los misterios y realidades del alma, para de esta manera conducirte hacia el conocimiento profundo del alma y de sus procesos, enfermedades y desequilibrios, los cuales se pueden curar y para ello se requieren terapias espirituales. Deseo ayudarte a entender que tu espíritu te necesita tanto como tu cuerpo y que es necesario ver al ser humano desde una nueva perspectiva.

Tengo el propósito de enseñarte todo lo relativo a la anatomía energética del alma y establecer un nuevo paradigma: el alma eres tú. Al morir, quien va a salir del cuerpo eres tú, con tu cuerpo energético, pues el alma es el cuerpo espiritual dentro del cuerpo material. Te vas a marchar con tu mente, con tu psicología y necesitas entender el proceso de la muerte para que no sufras al momento de partir al otro lado de la vida, para que te vayas con serenidad, sabiendo que hay un sendero de Luz que te está esperando y que entrar a ese sendero depende sólo de tu deseo o libre albedrío; Dios y sus ángeles no pueden obligarte.

LAS ENFERMEDADES DEL ALMA

Mucha gente no tiene consciencia de lo que son las enfermedades del alma. Algunos creen que enfermarse del alma es estar muy tristes, deprimidos o con una decepción amorosa, pero este tema va más allá de esto. Las enfermedades del alma pueden ser intrínsecas o extrínsecas.

Las intrínsecas son los dolores intensos que se sienten en el centro del pecho, producto de profundas heridas debido a la pérdida de un ser querido por muerte, divorcio o por haberse ido a vivir a un país muy lejano, también por una frustración, un anhelo insatisfecho, una mirada hiriente o una palabra cruel.

Las extrínsecas son las producidas por la mente muy fuerte de otras personas que emanan energías negativas de odio, maldiciones, envidia, malos deseos e inclusive malas influencias. Estas energías negativas pueden afectar intensamente a tu alma.

La Luz de Dios, de la cual te hablé en el capítulo anterior, entra a través del cordón umbilical espiritual por el tope de nuestras cabezas, desciende por la médula espinal a lo largo de la columna vertebral, emana por los 7 chakras (Figura 8) que son llamados "los órganos del alma" y esa energía se irradia formando un campo electromagnético alrededor de nosotros llamado aura (Figura 9). El aura tiene forma de huevo y posee una cáscara o pared protectora. Se asemeja al huevo de la gallina que tiene adentro al pollito sobrenadando en la clara del huevo. Si se rompe su cáscara se escapa la clara y el pollito se debilita, pues ha habido un derrame de clara de huevo, lo cual produce pérdida de energía, y el pollito tendría algo parecido a una anemia. También, a través de esa ruptura pudiese entrar una bacteria y el pollito sufriría una infección.

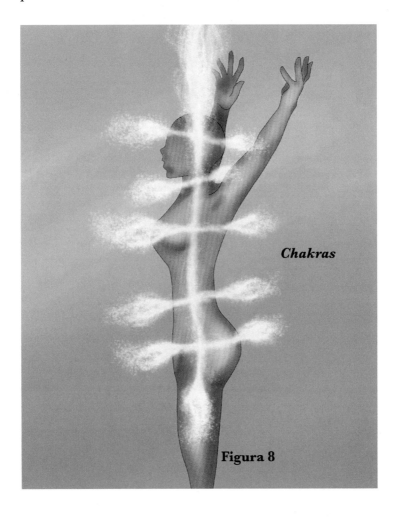

Chakras

Figura 8

Así mismo es el huevo áurico (Figura 9). Nosotros, nuestra alma, somos el pollito de Dios y él nos envió en un huevo áurico rodeado de Luz en vez de clara de huevo.

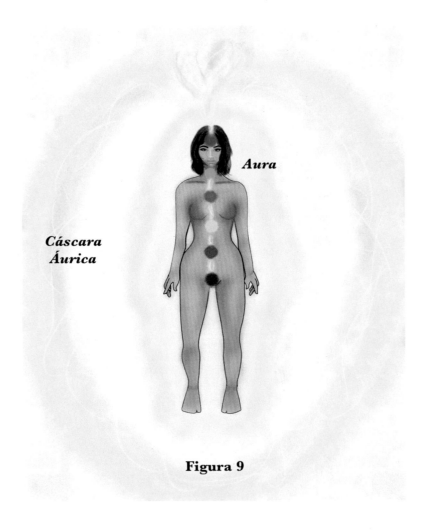

Figura 9

Si la cáscara se rompe, perderemos Luz y tendríamos algo parecido a lo que ocurre en el cuerpo físico cuando pierde sangre, una hemorragia pero de Luz, un derrame y nos debilitaremos, tendremos cansancio y baja energía y una anemia espiritual.

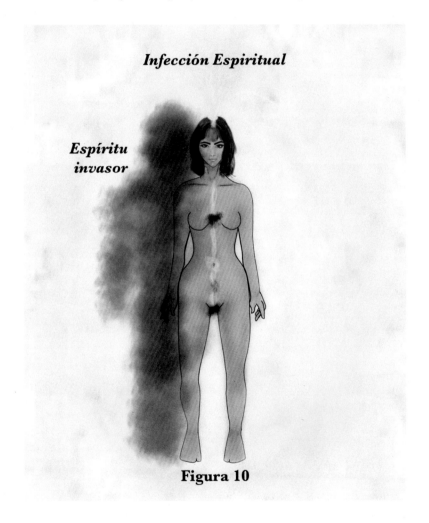

Figura 10

También como consecuencia de esa ruptura en la cáscara del aura pudiese entrar al aura una energía negativa de la mente de otros o incluso hechizos, espíritus o entidades y tendríamos una infección espiritual (Figura 10).

Cuando hay estrés intenso, rabia, ira, depresión profunda, droga-dicción, tabaquismo o ingesta de azúcar refinada en exceso, también se rompe el aura y quedamos desprotegidos y abiertos a las energías negativas.

En el caso de penas muy intensas del alma se fractura el centro energético del corazón, (ubicado en el centro del pecho el cual es llamado chakra del corazón) y puede ocasionar taquicardia, es decir, aumento del número de latidos del corazón por minuto, hipertensión arterial e incluso un infarto cardíaco.

También en el caso de traumas psicológicos, generados por situaciones que produjeron miedo, la energía emocional fractura el chakra de los miedos, ubicado en el abdomen, en la zona del ombligo (se le llama chakra del plexo solar) y podría ser causa de ataques de pánico. Cuando un chakra se enferma, la persona padece una enfermedad de un órgano del alma lo cual termina afectando el cuerpo físico, o bien podría aparecer una enfermedad emocional. El alma, sus órganos o chakras y su aura son sensibles a grandes desequilibrios energéticos que traen como consecuencia desequilibrios físicos, mentales y/o emocionales.

Cuando te digo que cuides a tu alma me refiero a ti; estoy queriendo decirte que te cuides, que te mimes, que digas: "te amo alma mía", que no te enfades contigo, que te perdones, que te premies, que descanses y sobre todo que vivas el aquí y el ahora sin temor a la muerte. También me refiero a que cuides tu aura. Así como necesitas lavar el cabello con champú y los dientes necesitan ser cepillados con crema dental para no tener caries, asimismo necesitas limpiar tu aura. Una vez por semana báñate con un jabón energético, aplica sales energéticas en tu cuerpo como exfoliante y realiza un poderoso enjuague con la ducha, esto reforzará la cáscara de tu huevo áurico. Si no lo haces, aparecerán caries en tu aura.

Tu alma también necesita que fortalezcas tu mente con afirmaciones poderosas como ésta: "yo conscientemente y a voluntad le quito todo el poder que le haya dado a la energía negativa para afectarme y todo el poder se lo entrego a Dios, el único poder en el universo". Las oraciones tienen también gran potencia para proteger tu alma, todas sin excepción, no importa tu creencia. Algunos dicen: "San Miguel delante, San Miguel detrás, San Miguel a la derecha, San Miguel a la izquierda, San Miguel arriba, San Miguel abajo" y lo visualizan. Otros sustituyen a San Miguel, el arcángel protector de la Luz del alma, por Cristo o Buda. En todos los casos es efectivo.

Las terapias espirituales son excelentes para el cuidado, protección, limpieza y equilibrio del alma, de sus chakras y aura; unas son llamadas Reiki, Terapia de Respuesta Espiritual, Balancing y existen muchas más.

En mi caso, utilizo las camillas de transfusión de Luz con la presencia de Dios y de sus ángeles, cristales diamantinos, invocaciones y sonidos tibetanos (Figura 11). Después de trabajar con cientos de pacientes comenzó a fluir de mi garganta un canto mágico, que para sorpresa mía lleva a las entidades al túnel de Luz, de regreso a su verdadero hogar, y arrulla a las almas de mis pacientes generándoles una inmensa paz y un consuelo divino. Regresan a las terapias diciéndome que sienten una gran tranquilidad, que han dormido bien y que se les ha quitado el mal humor y el peso en el cuello. Sin duda, Dios y los ángeles están allí. He descubierto que la Luz y las fuerzas espirituales llenas de amor son el medicamento del alma, que llegan donde no llega la mano del ser humano, ni su ciencia, ni sus medicamentos. Las terapias espirituales y la limpieza y equilibrio del aura y chakras han proliferado en el planeta, el aura viene siendo la piel de tu alma y es necesario cuidarla.

Muchas personas se sienten sin energía, de mal humor, cansadas, con un peso en la parte posterior del cuello y hombros, y no duermen bien como consecuencia de tener el aura rota, invadida por energías negativas, también suelen tener los chakras sucios y desequilibrados. Otras arrastran dolores profundos del alma desde su infancia, y algunos están infectados por hechicería, envidias, malos deseos y hasta maldiciones, lo cual les genera enfermedad. El chakra de la prosperidad, ubicado en el coxis, se desequilibra; los pacientes refieren tener los caminos trancados y que no progresan.

Los últimos avances de la ciencia de la tecnología espiritual nos han brindado la foto Kirlian o radiografía del alma, la cual nos permite escanear la energía, los chakras y el aura. Es muy útil para diagnosticar enfermedades del alma (Figura12). Nos puede revelar fracturas de los chakras, agujeros en el aura o invasión de la misma por entidades (Figura 13). Todo esto amerita una terapia espiritual. Así como existen enfermedades físicas, también existen enfermedades mentales, emocionales y espirituales. Las enfermedades espirituales afectan la anatomía energética del alma. Llegará un momento en el futuro en el cual antes de llevar a un paciente al quirófano para intervención quirúrgica, se le practicará un escaneo del alma, se limpiará energéticamente el aura y se equilibrarán los chakras. Así ese paciente entrará en óptimas condiciones energéticas al quirófano, el proceso de cicatrización será más rápido y presentará menos infecciones, pues su nivel energético será alto por lo cual su sistema inmunológico se mantendrá altamente efectivo.

Si pones en práctica tu intención de mejorar y crecer como persona, hoy serás mejor alma que ayer y mañana serás mejor que hoy. Cada alma trae de vidas pasadas muchos aspectos de psicología personal negativos, considerados enfermizos dentro de la ciencia de su curación. Algunas personas han nacido con una fuerte tendencia a juzgar, criticar y condenar. Ese hábito conductual lo desarrollaron en su última encarnación y en su propósito de vida está incluido sanarlo. Otros traen miedos y registros de muerte, sienten mucho miedo por la muerte porque su proceso de salida del cuerpo físico en su última vida fue difícil y esto quedó fuertemente registrado en su subconsciente. Quizás el componente psicológico más desarrollado en las vidas pasadas haya sido arrogancia, terquedad, indecisión, baja autoestima, tendencia al rencor, venganza o represalia, apetencia por brujería o curiosidad esotérica.

Son muy variadas las características emocionales negativas en el alma. En el campo de su curación, a estas tendencias psicológicas se les llama energías negativas, se asientan en el subconsciente y en los chakras y no basta con una terapia psicológica para equilibrarlas; también se necesita la firme decisión de mejorar por parte de la persona, la auto-observación, el autocontrol y el equilibrio del aura y los chakras; comprender que no existe la muerte, que sólo es un cambio de existencia hacia otra dimensión de paz y evolución. Entender que, al marcharnos hacia ese otro plano, deberíamos hacerlo con la satisfacción de haberlo hecho mejor que en vidas pasadas nos ayuda a estar más conscientes para mejorar cada día, a no temer a ese momento, ni apegarnos al plano de la materia y a no salir del cuerpo físico llorando y preguntando: " ¿Qué hice con mi vida?"

Enfocarnos en sanar nuestras tendencias negativas de conducta, curar los dolores del alma, perdonar y dejar atrás las sombras del pasado, fortalecer nuestras virtudes, mejorar nuestros defectos, limpiar nuestra aura y equilibrar nuestros chakras periódicamente nos ayudará cuando llegue la hora de la partida; el alma estará más equilibrada. Conocer la anatomía energética del alma y todo lo expuesto a lo largo de las páginas de este libro lleva al espíritu a irse con un conocimiento que le impedirá quedar vagando en el limbo y podrá entrar rápidamente al túnel de luz, accediendo inmediatamente a la paz que sobrepasa el entendimiento de la mente humana.

Espero que toda esta información te brinde, querido lector, la tranquilidad que me han dado las vivencias y datos aportados por mis investigaciones, experiencias y los síntomas espirituales de mis pacientes, y que te orienten para saber que tu alma necesita entrenamiento, protección, cuidado, curación y amor.

EL DESCUIDO
DEL ALMA

El gran mal del siglo XXI es el descuido del alma, que según lo que hemos aprendido es el descuido de ti mismo. Este se manifiesta como pérdida del sentido por la vida, miedos, rabia, frustración, soledad y vacío interior, tristezas, amargura, depresión, ansiedad e incluso obsesiones, adicciones y violencia.

Muchos han perdido el interés por su alma. Podemos cuidarla y curarla, encontrar alivio a nuestros sufrimientos y descubrir una satisfacción y un placer profundo. Instintivamente todos saben (hasta los niños) que tienen un alma, pero al entender realmente que el alma somos nosotros, nos empezamos a amar profundamente y a buscar ayuda para sanar esas dolencias que son nuestros pesares y tribulaciones. Cuando nos encontramos de frente con nosotros mismos y nos analizamos, nos damos cuenta de que necesitamos sanar y de que hay que curar las viejas heridas emocionales del pasado. Así entendemos que cuando hemos sido muy heridos por otros, nuestra alma construye muros de dureza y de separación alrededor de nuestro corazón, por lo cual nos convertimos en personas duras, amargadas y desconfiadas, aunque realmente somos de naturaleza tierna y amorosa.

Para muchas personas, su infancia, su adolescencia o su vida adulta ha sido muy lastimada. Esto ha generado heridas profundas del alma e inclusive ésta se ha fracturado, por lo cual se han perdido fragmentos que necesitan ser recuperados en terapia espiritual.

La vida espiritual es necesaria para la salud psicológica. A veces sólo nos acordamos de nuestra alma cuando se queja agitada y perturbada por el descuido y maltrato de otras personas, o incluso de nosotros mismos, y nos hace sentir su dolor; ponerla en el centro de nuestra atención y asumir nuestra responsabilidad con ella es necesario. Podemos ser los curadores de nuestra alma en compañía de nuestro terapeuta y de los ángeles médicos y psicólogos del cielo a quienes Dios envía para traer su luz amorosa que es un bálsamo para el alma. Emprender su restauración significa que debemos hacer de la espiritualidad una parte importante de nuestra vida cotidiana. Sin el contacto con nuestra alma la vida es insatisfactoria porque nos falta su plenitud.

Muchas heridas y sufrimientos vienen de la vida en familia. La familia es la principal morada del alma. Esa morada a veces puede ser reconfortante y otras devastadora. Necesitamos comprender que la recuperación del alma se inicia cuando entendemos nuestro destino familiar.

Esa familia es la que nos ha tocado. Dios la ha escogido para nosotros y necesitamos superar los desequilibrios desde el trabajo de terapia espiritual y psicológica, aunque a veces sea imposible convivir con ciertos familiares, ya que su evolución y vibración son muy bajas.

Ignorar los sentimientos negativos y comprimirlos es perjudicial para el alma. Prestarse más atención a uno mismo es llenarla de amor, desear sanarse es conocerse a sí mismo. Otras veces, su descuido lleva a dos graves situaciones: el alma podrida y el alma perdida.

Estos son términos muy fuertes pero muy usados por personas que están gravemente enfermas del alma. Muchos pacientes llegan a mi consulta diciéndome: "¡doctora, mi alma está podrida!" Otros me dicen que su alma está perdida.

Los primeros me refieren que se sienten abatidos, llenos de ira, de irritabilidad, que se sienten sucios, que de noche no duermen; dicen sentir un peso en la parte posterior del cuello, que no tienen energía, y algunos confiesan que de noche un espíritu los toca o los perturba.

Incluso he tenido pacientes del sexo femenino que me han revelado que un espíritu abusaba sexualmente de ellas. Me impactó el caso de Aura, una chica de 30 años, quien me reveló que, desde su adolescencia, un espíritu abusaba de ella. Nunca se lo había confesado a su esposo; vivía atormentada en la noche. El ente se acostaba entre su esposo y ella; la tocaba, por lo cual sentía que su alma estaba sucia. Esta paciente había descuidado su alma, ya que nunca lo manifestó ni buscó ayuda.

Gran cantidad de personas ocultan estos ataques del mundo para-normal por miedo a ser rechazados o incomprendidos e incluso a ser etiquetados como anormales o locos.

Otra paciente me dijo que le daba vergüenza decirme que cada vez que se bañaba sentía que un espíritu masculino la miraba; yo le contesté que después de escuchar y ver tantos casos en mi consulta, nada me sorprendía. Laura es una paciente que me trajo a su hijo de 8 meses porque lloraba desesperado todas las noches y el pediatra le había dicho que se trataba de un trastorno del sueño, por lo cual le mandó medicación. Ante tantos casos de niños que padecen perturbaciones nocturnas por espíritus, siempre interrogo a la madre sobre ciertos antecedentes como la historia de la casa, si murió alguien allí o si está cerca de un cementerio. Efectivamente, ella me respondió que al frente de su casa había uno y que ella misma veía a los espíritus atravesar las paredes del sitio; incluso los veía entrar a su casa. La noche anterior uno le había tocado los pies y le había movido la cobija. Esta persona era una clarividente y me vi en la necesidad de darle tratamiento científico-espiritual a ella y a su niño, además de hacer un equilibrio energético y aplicar técnicas de protección a su casa.

Al hacerle a estas personas una foto Kirlian, o escaneo del alma, se observa que dentro de su aura, al lado de la silueta del paciente hay una sombra vertical oscura (Figura 14) que corresponde al espíritu. Se podrá observar que el cuerpo del paciente aparece luminoso mientras que el ente aparece oscuro, pues esta es una persona que no tiene el cordón umbilical espiritual, es un alma que salió de su cuerpo por el proceso de la mal llamada muerte (alma desencarnada), que está vagando y molestando al alma que está dentro de su cuerpo (alma encarnada). Estos entes se convierten en vampiros energéticos que generan una cantidad de síntomas (irritabilidad, sueño intranquilo, pesadillas, peso en la parte posterior del cuello, falta de claridad mental, cansancio extremo y disminución del nivel energético). Esto hace que el alma encarnada todo el tiempo se sienta sucia y además perturbada psicológicamente, con miedo a que llegue la noche y la visite el ente.

El descuido del alma en estos y muchísimos casos más y el hecho de resignarse a padecer estos fenómenos paranormales que enferman al espíritu, se debe al gran oscurantismo reinante en décadas anteriores. Todos estos conocimientos que intento brindarles deben ser excluidos del campo religioso, esotérico o del concepto tabú (el cual engloba la prohibición de hablar o de confesar algo supuestamente extraño) y deben ser considerados desde el punto de vista de la nueva ciencia espiritual.

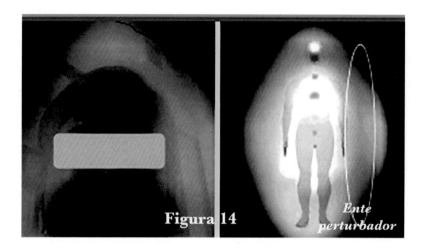

Figura 14

Ente perturbador

Dios ha brindado a la humanidad las ciencias objetivas como la Medicina, la Ingeniería, etc. Y también nos está dando la ciencia subjetiva de la Medicina del Alma y la ha hecho objetiva con la radiografía del alma. Ésta permite comprobar y cuantificar la presencia del cuerpo energético del alma, de sus chakras, de su aura y evidenciar las fracturas e invasiones energéticas de esta aura por entes.

En los casos en los cuales los pacientes refieren que tienen su alma "podrida", lo que sucede es que tienen una infección espiritual y el ente es considerado una "bacteria espiritual" que ataca al alma y puede producir lo que llamamos una "anemia espiritual" porque se alimenta de su Luz energética. Decenas de pacientes me consultan por debilidad extrema después de haber consultado a su médico creyendo estar padeciendo de anemia del cuerpo físico. Pero después de haber sido sometidos a exámenes de laboratorio, es descartado dicho diagnostico, ya que no están perdiendo sangre sino la Luz del alma. Muchos individuos tienen su aura rota o invadida por entidades desencarnadas. Han descuidado su alma y no realizan la higiene, limpieza y protección del aura con los baños, jabones y sales energéticas que venden en las tiendas Nueva Era, por lo cual al tener débil o rota la cáscara del aura, experimentan un derrame de la Luz espiritual del alma y del aura. Esto los debilita, como si se tratara de una anemia del cuerpo físico. Además, quedan prácticamente expuestos, con su sistema inmunológico espiritual debilitado, permitiendo la entrada a entes invasores que se encuentran vagando.

Afortunadamente, la nueva tecnología espiritual permite, con las terapias espirituales, brindar ayuda en todos estos casos, llevar a estas entidades al ya famoso túnel de luz, suturar energéticamente el aura rota y equilibrar su alma. He aprendido que, como médico del alma, debo ayudar al alma afectada y al alma que está afectándola; las dos son mis pacientes. Son personas necesitadas de ayuda, una encarnada y la otra desencarnada. Son espíritus creados por Dios y necesito generar en cada terapia un amor misericordioso para poder ser un canal del amor puro de Dios, traído por sus ángeles y transferirlo a esos pacientes para calmarlos y llenarlos de Luz, la cual es equivalente a sangre espiritual. Necesito amarlos como Dios los ama y a la vez ayudar al espíritu perturbador a aceptar que ya no pertenece al plano físico, y desee regresar a su verdadero hogar.

Otras personas manifiestan que sienten que su alma está pérdida, que les abandonó la fe, que no tienen metas ni ilusión; algunos incluso dicen sentir que no tienen alma. Generalmente esto ocurre después de haber pasado por experiencias amargas, emocionalmente dolorosas, frustrantes, impactantes desde el punto de vista emocional, que han generado un gran estrés postraumático. Les han golpeado su chakra del corazón, han fracturado su alma y han generado la pérdida de fragmentos de esta, lo cual crea una sensación de ausencia del alma. Ésta también es una enfermedad espiritual y esos fragmentos deben ser recuperados en la terapia para que así se recupere la integridad del alma.

Las terapias de curación y equilibrio del alma también incluyen ayudar al paciente a mejorar la calidad de su pensamiento para mejorar su calidad de vida, entrenarlo en inteligencia emocional y enseñarlo a enfocarse en sus metas. Mi esposo, José Domingo, como médico, me enseñó que al paciente no solamente hay que curarlo sino que también hay que educarlo y consolarlo.

Hoy en día, que he aprendido tanto sobre el alma, entiendo que ese paciente tiene un alma, y que debo curarla, educarla y consolarla para que su cuerpo no se enferme.

EL ARRULLO DEL ALMA

El amor visto desde una perspectiva científico-espiritual es una emoción positiva poderosísima, que genera resonancia en uno mismo y en los demás. Un estado emocional de conexión íntima con Dios genera un amor incondicional y permite, por ley de atracción, que el amor misericordioso, compasivo, generoso y poderoso de Dios sea canalizado por la persona que se encuentra en ese especial estado místico; sólo el amor puede magnetizar al amor. Ese es el estado especial, en el cual debe estar un terapeuta espiritual para canalizar poder espiritual.

El amor genera resonancia positiva en el alma humana, tanto en los seres encarnados como en los desencarnados y es la clave de las terapias de curación y equilibrio del alma. Es el secreto para poder ayudar a los desencarnados que están invadiendo un aura a salir de ese espacio y entrar al túnel de Luz. Los sentimientos y emociones positivas son el lenguaje universal de interconexión y unión entre los seres humanos. Hay que llenarlos de amor.

La vida espiritual nos lleva a ser mejores personas, a conectarnos con nosotros mismos y con los demás. Eso lo necesita urgentemente nuestra alma. Nuestro espíritu viene de un lugar muy lejano, de otra dimensión, la cual es nuestro verdadero hogar, donde sólo hay bienestar, paz y conexión amorosa entre todos. Cuando llegamos al plano físico comienzan los problemas, las discordias, las separaciones y los sufrimientos. Sin embargo, nuestra alma recuerda la paz infinita de su lugar de origen y el amor celestial que le embargaba, ese amor que daba y recibía. Muchas personas me dicen en las terapias que lo único que quieren es paz, otras expresan que desean sentirse amadas. Esto se debe a que añoran y extrañan estas emociones celestiales.

Los sentimientos positivos o negativos se contagian y se transfieren tanto entre los seres encarnados como desde los desencarnados a los encarnados y viceversa. Es por eso que muchos pacientes perturbados por un espíritu rabioso refieren que sienten rabia e incluso ira, así como otros refieren percibir el amor de su familiar fallecido que se encuentra dentro de su campo áurico.

Cuando mis pacientes me preguntan cómo les realizaré la terapia de transfusión de Luz, suelo decirles que la realizaré con amor, que desde mi corazón fluirá esa energía y que los ángeles, médicos y psicólogos del cielo, me traerán el amor puro de Dios que inyectaré en su aura, sus chakras y su alma. Les insisto en que no lo haré con inyectadora; es una energía, que atraeré con del poder mágico de la palabra con invocaciones especiales, la musicoterapia, los cristales diamantinos, cuarzos y sonidos tibetanos. Realmente invoco pidiéndole a Dios que envíe a sus ángeles para que traigan el medicamento del cielo, su Luz espiritual, una energía cuántica cargada de su amor misericordioso, la cual llega donde no alcanza la mano del hombre, ni su ciencia ni sus medicamentos y que puedo canalizar, pues mi alma está preparada para ello.

Les explico que la misericordia divina es la energía más poderosa y más misteriosa del universo. Es tan misteriosa que ni los ángeles conocen su misterio. La compasión es el deseo de que los demás se liberen de su sufrimiento. Cuando entro en estado de conexión espiritual, mi corazón siente un amor misericordioso y un inmenso deseo compasivo de ayudarlos. Mi voz irradia un poder espiritual porque emana desde mi propio corazón. Está cargada de amor y del deseo de ayudar a Dios a liberar a las almas de sus tribulaciones humanas; así la Luz de Dios cabalga en las alas de la frecuencia del sonido de mi voz. Como mi deseo es el mismo deseo de Dios por ley de atracción, yo soy capaz de irradiar una energía de sanación; estoy anclada en una poderosa intención de ayudarles a dejar de sufrir. Como mencioné en capítulos anteriores, Jesucristo, cuando tuve mi experiencia mística, me dijo: "conducirás multitudes". Hoy, a través de la palabra, conduzco multitudes de almas encarnadas (mis pacientes), hacia su evolución y sanación; y multitudes de almas desencarnadas hacia el túnel de Luz.

Como explicaba al inicio de este capítulo, visto desde la perspectiva científico-espiritual, esta emoción amorosa genera una resonancia y magnetiza una poderosa y misteriosa fuerza espiritual que llega a lo más profundo del alma para curar las heridas y dolores espirituales, tanto en los encarnados como en los desencarnados. Me tomo la tarea de arrullarles el alma, mimándolos y consintiéndolos espiritualmente, con la intención de curarlos. Mi voz arrulla sus espíritus.

Al principio, hace muchos años, cuando comenzaron mis experiencias como doctora del alma, quedaba sorprendida por la inmediata mejoría de los pacientes. Me referían que después de la terapia se sentían en paz, e incluso las madres, cuyos hijos habían fallecido, me confesaban que la opresión que sentían en el pecho había desaparecido y que no sentían resignación sino consuelo divino. Esto me llenó de seguridad y confianza en ese poder invisible que me estaba acompañando, enseñando y guiando con cada paciente.

Cuando comienzo a invocar, mi voz se torna suave, melodiosa y amorosa; entono un canto casi angelical y en ese momento hago conexión con la entidad. Mi voz resuena en su alma, aclara su mente y la sosiega, al igual que al paciente que está acostado en la camilla. Los dos me escuchan y siento que a través de ese cántico emanan los resplandores de Dios.

Se ha demostrado científicamente que el amor con misericordia y compasión (visto como energía) es de alta frecuencia y vibración energética, y tiene la capacidad de modificar la actividad neurológica del cerebro; libera hormonas como dopamina y oxitocina y permite entrar en un estado de ondas cerebrales que es alcanzado cuando se está en meditación profunda. En este estado se abren canales de conexión con fuerzas espirituales poderosas. Cuando entro en ese nivel especial alcanzo poder espiritual. En esta conexión conmigo, con el paciente y con su ente perturbador, Dios y sus ángeles portadores de fuerzas espirituales de alta vibración amorosa, vienen a mí. Entonces, canto y arrullo a ambos y, a medida que realizo esta actividad, el ente que me escucha comienza a sentir paz, se siente amado por Dios y desea ser conducido por los ángeles al túnel de Luz. Al mismo tiempo, es increíble la sensación de alivio y confort que experimenta el paciente.

A lo largo de mi entrenamiento para desarrollar esta técnica, las diferentes sensaciones de paz, alivio, claridad mental y bienestar que me han referido las personas receptoras de este flujo de energía, me han hecho sentir una inmensa gratitud a Dios por esta hermosa emisión de ayuda que está enviando a la humanidad, en estos momentos del despertar espiritual en el planeta.

A los pacientes que necesitan ser liberados de una entidad les digo que a medida que sientan paz en una terapia, lo mismo estará sintiendo el ente. Cuando arrullo a las almas, una deliciosa sensación de bienestar recorre mi cuerpo y sé intuitivamente que lo mismo está ocurriendo en el paciente y en el espíritu perturbador. El arrullo del alma es el amor, por eso les insisto a mis pacientes que como un diálogo interno se digan a sí mismos: "¡TE AMO ALMA MÍA Y TE CUIDO CON AMOR!" Esa energía les resonará en grandes y saludables beneficios.

Si estás en un proceso de pérdida de un ser querido por muerte y deseas ayudarlo o estás siendo perturbado por un desencarnado, te sugiero la siguiente invocación:

INVOCO A LA LUZ DE DIOS EN TU CORAZÓN ETÉRICO Y ME INCLINO HUMILDEMENTE ANTE ESA LUZ. INVOCO A SUS ÁNGELES PARA QUE TE ARRULLEN Y TE LLENEN DE PAZ Y CLARIDAD MENTAL Y TE GUÍEN LIBRE DE APEGOS AL TÚNEL DE LUZ.

Muchos de mis pacientes a quienes se les ha muerto un ser amado llegan a mi consulta abatidos, con un llanto devastador, con una inmensa tristeza y expresando miedo. Me refieren que no han podido superar el duelo, a pesar de que en algunos casos han pasado muchos años. Cuando les practico la radiografía del alma observo que el familiar está presente en su aura y muy pegado a ellos. Les explico que su llanto y sus emociones no sólo son de ellos sino también del familiar fallecido, el cual está triste, está llorando y siente miedo porque no quiere irse. Al hacerle la terapia y conducir a su familiar al túnel de Luz, el paciente siente un alivio, desaparece el llanto inconsolable y manifiesta paz. Es por esta razón que todos necesitamos prepararnos para el proceso de la mal llamada muerte, aprender a arrullar y a guiar a nuestros seres amados en su transición, especialmente a aquellos que están en estado de coma o agonizando con mucho sufrimiento.

Si llegases a pasar por esta situación, háblale, pues te está escuchando, a pesar del estado en el cual se encuentra. Transmítele tranquilidad, dale gracias por haber existido en tu familia, hazle saber que le espera un túnel de Luz al cual necesita entrar, que no tenga miedo, que Dios y sus ángeles estarán con él, y también estarán con su familia. Él te escuchará y sentirá el arrullo del amor de tu corazón. Coloca tus dos manos sobre su corazón y entonces una corriente poderosa de amor estará emanando desde tu propio corazón hacia el suyo a través de tus manos, que son la prolongación de tu corazón, y su alma sentirá la melodía del latido de tu corazón. De esta manera, el estado de tu familiar y el tuyo propio serán más llevaderos y se transformarán en un consuelo divino.

CARTA DE AMOR
AL LECTOR

Estimado lector:

Deseo de corazón que llegue a tu alma la verdadera intención de este libro: hacerte entender que **TU ALMA TE NECESITA**... sí, tu alma te necesita más de lo que imaginabas antes de iniciar esta lectura.

Has podido observar en estas líneas que el alma, ese cuerpo energético, frágil, invisible, intangible e inmortal, es perceptible. Es posible que muchas personas puedan pensar que el alma es el aura, una esencia, e incluso que no existe o que una vez muertos ya no existimos, sin embargo, has aprendido que no es así.

Con mucha dedicación he tratado de utilizar un lenguaje sencillo y coloquial, pero científico. Como pionera en este campo, me siento en la responsabilidad y obligación de concientizar al mayor número de personas de que la muerte no existe. Nadie nos prepara con un conocimiento del proceso para el momento de la muerte. Y nadie nos dice que existe un túnel de Luz al cual debemos entrar para no correr el riesgo de que nuestro espíritu quede vagando en el limbo.

Nuestra alma también necesita que le demos mucho amor y que no la maltratemos con miedo a la muerte. La muerte puede ser un proceso hermoso si nuestra alma sale del cuerpo sin apegos rumbo al túnel de Luz.

También necesitamos enfocarnos en la curación de las penas y dolores emocionales de nuestra alma, además de limpiarla de las energías negativas que la debilitan y bloquean.

También siento el compromiso de ayudar a sanar a las almas que están en el plano físico y a las que han abandonado su cuerpo y han quedado atrapadas y sufriendo por los apegos al mundo físico. Sé que por medio de este libro instruiré a muchos.

Ha sido para mí un privilegio y una bendición tocar tu alma a través de las palabras de este manuscrito.

Con amor incondicional,

Judith Huerta de Campos,

TU DOCTORA DEL ALMA

Instagram: @tudoctoradelalma
Facebook: tudoctoradelalma
Telf : (786) 381 9283